科斯《社会成本问题》句读

高建伟　牛小凡　译注

中国财经出版传媒集团

经济科学出版社

Economic Science Press

U0663139

图书在版编目（CIP）数据

科斯《社会成本问题》句读/高建伟，牛小凡译注．
—北京：经济科学出版社，2019.4（2022.8 重印）
ISBN 978 - 7 - 5218 - 0449 - 2

Ⅰ.①科… Ⅱ.①高… ②牛… Ⅲ.①社会成本 - 研究
Ⅳ.①F014.3

中国版本图书馆 CIP 数据核字（2019）第 066750 号

责任编辑：李一心
责任校对：杨　海
版式设计：齐　杰
责任印制：李　鹏

科斯《社会成本问题》句读
高建伟　牛小凡　译注
经济科学出版社出版、发行　新华书店经销
社址：北京市海淀区阜成路甲 28 号　邮编：100142
总编部电话：010 - 88191217　发行部电话：010 - 88191522
网址：www. esp. com. cn
电子邮件：esp@ esp. com. cn
天猫网店：经济科学出版社旗舰店
网址：http://jjkxcbs. tmall. com
北京季蜂印刷有限公司印装
710×1000　16 开　7.5 印张　120000 字
2019 年 5 月第 1 版　2022 年 8 月第 3 次印刷
ISBN 978 - 7 - 5218 - 0449 - 2　定价：28.00 元
（图书出现印装问题，本社负责调换。电话：010 - 88191510）
（版权所有　侵权必究　打击盗版　举报热线：010 - 88191661
QQ：2242791300　营销中心电话：010 - 88191537
电子邮箱：dbts@ esp. com. cn）

前　言

　　2003 年秋，笔者到南开大学经济学院攻读硕士研究生，专业方向是法经济学，导师陈国富教授列出了一个文献阅读清单，特别点出了两篇法经济学的奠基性文献：《社会成本问题》（Coase，1960）和《财产规则、责任规则与不可转让性》（Calabresi & Melamed，1972）。这两篇经典文献，前者探讨产权界定，作者是芝加哥大学法学院教授罗纳德·科斯（Ronald Coase，1911 –2013），1991 年荣获诺贝尔经济学奖；后者探讨产权保护，作者之一的盖多·卡拉布雷西（Guido Calabresi，1932 –）是耶鲁大学法学院的镇院之宝、美国著名法学家、美国联邦上诉法院法官。

　　《社会成本问题》很难读懂。即便是具有英美文化背景的本土学者，要想完全读懂此文也绝非易事。与科斯交情深厚的著名经济学家张五常曾说，他花了长达三年的时间来研读《社会成本问题》。此文难懂的原因大概有三。一是此文思想深邃，本身就难懂。张五常指出，科斯的文章写得清楚，但如果我们仅仅欣赏他明朗的文字，就不容易体会到他思想的深处。二是此文横跨经济学与法学两个领域，读懂需要两个领域的相关知识。很多经济学专业的读者往往止步于第五章，并且集中于对科斯定理的探讨，然而此文的后半部分才是科斯思想的精华所

1

在，科斯本人也对科斯定理不以为然。三是此文马歇尔式的行文风格，由于完全没有运用数理模型，一些读者不易把握其行文逻辑。

笔者最初读的是龚柏华和张乃根两位法学教授翻译成中文的《社会成本问题》，反复读之，但还是一头雾水，不知所云。笔者也看了一些关于此文和科斯理论的述评，多为中文，除了懵懂理解科斯定理外，其他收获并不是太大。后来，笔者决定摒弃中文文献，认真阅读此文和与此书相关的英文文献，收获很大，同时发现中文翻译中有一些错误或不到位的地方。例如，此书第六章中关于科斯对政府作用的两句重要评论，现有的中文翻译严重曲解了科斯的本意。这两句的现有翻译是："但我的这种信念即使成立，也只不过是建议应减少政府管制，它并没有告诉我们分解线应定在哪里。"其实科斯的本意是："不过，即便这种观点被证明合理，也不比建议削减政府管制的观点更有价值，因为它并没有告诉我们边界在何处。"现有翻译的曲解或不到位，也是中文读者难以读懂或误读《社会成本问题》的一个原因。其他与此文相关的英文文献，笔者认为对理解此文帮助较大的有四篇：*The Myth of Social Cost*（Cheung，1978）、*Notes on the Problem of Social Cost*（Coase，1988）、*The Myth of two Coases：What Coase is Really Saying*（Medema，1994）、*Coase Theorem 1－2－3*（Felder，2001）。不过，即便著名如张五常教授，他的这篇文章也似乎在一个关键地方曲解了科斯的本意，导致后面的很多分析都存在问题（请参阅本书对《社会成本问题》第二章的注释）。由此可见，要彻底读懂《社会成本问题》有多难。

笔者硕士毕业后，继续在南开大学攻读博士，毕业后到天津商业大学工作。笔者有一个习惯，每隔一段时间，就会拿出英文版《社会成本问题》阅读一遍。随着自己知识储备和阅历的增长，每次阅读，都感觉有所收获，往往惊叹于科斯的深邃思想，并自觉运用科斯的理论审视这个真实的世界。2013年，科斯仙逝，享年103岁。至此，笔者萌生重新翻译并注释《社会成本问题》的想法，从而帮助大家读懂《社会成本问题》。这个想法搁置了很长时间，笔者彷徨犹豫的原因在于害怕自身能力有限，以致曲解科斯本意，误导读者。2016年，笔者终于下定决心进行翻译注释。在此过程中，南开大学牛小凡博士也参与进来，做了不少工作。本书书名模仿自邓晓芒教授的《康德〈纯粹理性批判〉句读》，意味着巨细靡遗的注释。其间，我们也向一些专家学者请教了不少问题，在此感谢南开大学的陈国富教授、南京师范大学的李政军教授、美国科斯研究所并浙江大学科斯研究中心的王宁教授、浙江大学经济学院的罗君丽博士、乔治梅森大学的 John Nye 教授、天津商业大学的陆洲教授和上海童昕圆教育科技公司的安禄丰。同时，也要感谢《法经济学杂志》（Journal of Law and Economics）的授权。当然，文责自负。

　　本书附录包括三部分。《〈社会成本问题〉之科斯与庇古"思辨录"》是笔者运用对话的模式对这篇经典文献的浓缩，目的在于梳理科斯的思想，《"合法妨害"的效率逻辑与权利的相对性》是笔者2015年发表于《天津商业大学学报》第5期上的一篇论文，最后是《社会成本问题》关键词中英对照。

　　注释部分，＊表示《社会成本问题》原有的注释，△表示本书著者注释。

天津商业大学　高建伟

2018 年 12 月 14 日

/目　录/

导　言

　　1992 年，科斯在庆祝芝加哥大学百年诞辰时的讲座中曾经谈到过此文的缘起，大意如下。科斯在伦敦经济学院（LSE）时，讲授公用事业经济学，这促使他研究英国的广播业。1951 年，科斯移居美国，开始全面研究"广播和电视的政治经济学"。1958 年，科斯研究了美国联邦通讯委员会（FCC）关于配置无线电频率方面的政策，并于 1959 年撰文《联邦通讯委员会》（The Federal Communications Commission），指出无线电频率的配置不应该由行政手段来决定，而应该由价格机制来决定。不过，科斯认为该文对经济学的贡献不在于讨论了价格机制的作用，而在于提出了被经济学家所忽视的"产权原理"（rationale of property rights）。产权原理（争论的焦点在于后来被斯蒂格勒命名的"科斯定理"）以及科斯对庇古的批判遭到了芝加哥大学其他经济学家的反对，他们认为科斯是错误的，并且要求他更正文中的相关内容。但是科斯坚持己见，拒绝妥协。于是，科斯应邀与芝加哥大学的几个一流经济学家（包括弗里德曼和斯蒂格勒等）进行了一场经济思想史上的著名辩论。科斯最终赢得了这场辩论，之后他写出了对自己观点的更为详细的论证，即这篇《社会成本问题》。根据科斯的解释，这篇论文的题目改写自奈特的论文题目 "Some Fallacies in the Interpretation of Social Cost"。原因在于，奈特的论文也是对庇古的批判，而科斯认为自己的

1

观点可以看作是对奈特观点的继承与发展。参见：R. H. Coase，Law and Economics at Chicago，Journal of Law and Economics，Vol. 36，No. 1，Part 2，John M. Olin Centennial Conference in Law and Economics at the University of Chicago.（Apr.，1993），pp. 239 – 254；F. H. Knight，Some Fallacies in the Interpretation of Social Cost，The Quarterly Journal of Economics，Vol. 38，No. 4（Aug.，1924），pp. 582 – 606。

科斯发表此文之时，"社会成本"一词的含义在经济学中并未统一。是斯蒂格勒完成了此词含义的统一。根据斯蒂格勒（1966）的研究，"社会成本"一词来源于庇古，其含义是"每个厂商所付出的成本的总和"；而与之相对应的是"私人成本"，其含义是"个别厂商所付出的成本"；并且，社会成本（social cost）= 私人成本（private cost）+ 外部成本（external cost）。这里的"个别厂商"是指带来有害影响或外部性的厂商，而"每个厂商"是指外部性所涉及的所有厂商，包括带来外部性的"个别厂商"。"外部成本"是指个别厂商以外的其他厂商所付出的成本。这就是当今经济学教科书中对"社会成本"的定义。参见：G. J. Stigler，The Theory of Price（Fourth Edition），New York：Macmillan Co.，1966，P. 117。然而相关文献表明，"社会成本"这个术语的含义在科斯发表《社会成本问题》之时并未统一，原因大概在于庇古（1932，P. 189，P. 393）和奈特（1924，P. 584，P. 596）在提及"社会成本"一词时语焉不详，"社会成本"有时在一些文献中等同于"外部成本"，而斯蒂格勒《价格理论》一书的出版和再版逐渐统一了"社会成本"一词的含义。参见：D. W. Pearce and S. G. Sturmey，Private and Social Costs and Benefits：A Note on Terminology，The Economic Journal，Vol. 76，No. 301（Mar.，1966），pp. 152 – 158；Larry C. Ledebur，The Problem of Social Cost，The American Journal of Economics and Sociology，Vol. 26，No. 4（Oct.，1967），pp. 399 – 415；A. C. Pigou，The Economics of Welfare 183（4th ed. 1932）。

　　关于何为"社会成本"，科斯在此文中并未给予解释，想必当时他可能认为这是一个不言自明的概念，也即：顾名思义，社会成本就是整个社会付出的成本。不过在此文发表 28 年后，科斯在一篇关于此文的注释中解释了"社会成本"的内涵："社会成本表示生产要素在某种可替代用途上可以获取的最大价值"（Social cost represents the greatest value that factors of production would yield in an alternative use.）（Coase，1988，P. 158）。显然，科斯的社会成本就是机会成本，也就是经济分析中通常意义上的成本概念。因此，"成本"原本的含义就是"社会成本"，具有"社会意义"，但在分析"有害影响问题"（科斯语）或"外部性问题"时，创造出了"个人成本"的概念，而"社会成本"的说法也就顺理成章。因此，科斯与斯蒂格勒对社会成本内涵的认识完全一致。由于此文开篇所言"关注工商企业的那些对他人造成有害影响的行为"，所以可以认为科斯的"社会成本问题"就是所谓的"负外部性问题"。参见：Coase, The Firm, the Market, and the Law, The University of Chicago Press，1988。

▪第一章▪
有待分析的问题[①]

　　本文关注工商企业的那些对他人造成有害影响[②]的行为。典型的例子是，工厂排放的烟尘对邻近的那些土地所有者造成了有害影响。对于这种情况，经济学家大多因循庇古在《福利经济学》中提出的分析方法，即根据工厂私人产值与社会产值[③]之间的背离进行分析。这种分析

　　① 　＊尽管本文关注一个经济分析的方法问题，但它却源于我正在进行的"广播的政治经济学"的研究。本文的论点暗含于之前一篇讨论广播和电视频率分配的论文《联邦通讯委员会》中（"The Federal Communications Commission"，The Journal of Law and Economics，1959（2）），不过，我收到的一些评论似乎建议，我应该对该论点进行更清楚地论证，并且不要涉及得出该论点的最初问题（△即"广播和电视的频率分配"）。△本文开篇通过直接否定庇古对有害影响问题的经济分析方法和政策结论，含蓄地提出了对有害影响问题的正确的分析方法应该是什么的问题。本文最后一章（第十章）"方法的改变"是问题的答案和本文的结论，与本章相呼应。因此，也可以把本文看作一篇经济学方法论文献。
　　② 　△科斯在本文中并未提及当今经济学流行的"外部性"一词，原因何在？科斯（1988）解释道："'外部性'这一概念在福利经济学中居于中心地位，不过带来的结果却完全不幸。……这个术语暗示，当出现'外部性'时，政府应该采取措施消除它们。……为了避免大家认为我赞同这种观点，我在《社会成本问题》一文中并没有使用'外部性'这个术语，而是用了'有害影响'一词，……"科斯一生都反对使用"外部性"这一概念。参见：Coase. The Firm, the Market, and the Law, The University of Chicago Press，1988：26－27。另外，经济学家对外部性这一概念的争议颇多，参见"The New Palgrave Dictionary of Economics"（2008，2nd edition）：External Economies 和 Externalities。
　　③ 　△借鉴"国内生产总值"（gross domestic product）的译法，并参照庇古原文和科斯此文第九章中的定义，将"private product"和"social product"按照价值量理解，分别译为"私人产值"和"社会产值"。然而，庇古原文中并没有"private product"和"social product"之说，而是"private net product"和"social net product"，以及"marginal private net product"和"marginal social net product"，并且是实际量。不过，将其解释为价值量会更容易理解，（转下页）

似乎引导多数经济学家得出结论——如下做法可取：让工厂主对那些烟尘受害者的损失负责；[1]或者对工厂主征税，税额随烟尘排放量而变，并且等于烟尘造成损失的相应金额；[2]或者索性将工厂从居民区内驱逐出去（甚至可能将对他人造成有害影响的其他地区内的排烟工厂驱逐出去）[3]。

（接上页）科斯在本文第九章中的解释就是价值量。"净"（net）的意思是扣除了生产过程中消耗掉的原材料（中间产品）的价值。举个例子。一个纺织厂向棉纱厂购买了价值 100 元的棉纱，生产了价值 160 元的棉布，那么 60 元的价值增值就是纺织厂的生产要素创造出的"净产值"。如果纺织厂全部支付了所使用的要素的报酬，那么私人净产值（private net product）和社会净产值（private net product）就相等，都为 60 元。如果纺织厂使用了市场价格为 10 元的某种要素却没有支付报酬，那么"私人净产值"是 60 元，而"社会净产值"变为 50 元，二者产生了 10 元的背离（divergence）。如果纺织厂使用了市场价格为 10 元的 1 单位（或 1 份）要素创造了 11 元的产值，但没有支付给这个单位要素 10 元的报酬，那么 11 元就是边际私人净产值（marginal private net product），1 元就是边际社会净产值（marginal social net product），二者产生了 10 元的背离；如果支付了这个单位要素的 10 元报酬，那么边际私人净产值和边际社会净产值就相等，皆为 11 元。科斯可能为了叙述简洁，用"私人产值"代替"私人净产值"和"边际私人净产值"，用"社会产值"代替"社会净产值"和"边际社会净产值"。需要注意的是，本文中的所有分析都是微观层面的，就算是"总"，也是微观层面的加总，不涉及宏观的变量。这里的"产值"指的也是微观层面的产品价值。参见：庇古 . 福利经济学（上）. 金镝译 . 北京：华夏出版社，2013：32 - 33，108 - 112。另外，当今的经济学教科书中已经没有了私人产值与社会产值背离的分析方法，而代之以私人成本与社会成本背离的分析方法，但二者完全等价，同样是科斯的批判对象。可见，即便科斯已经获得了诺贝尔经济学奖，但庇古的外部性分析方法（科斯称之为"庇古传统"）至今还在大学口耳相传，深刻影响着经济学学生。这确实是一件很无奈或者荒谬的事情。

庇古的分析逻辑如下。根据等边际原理，在边际报酬递减规律的约束下，如果某种具有多种用途的资源，配置到每种用途上的边际社会净产值都相等，那么这种资源的配置就是产值最大化（或者国民收入最大化、经济福利最大化）的最优配置。假如有一种资源，竞争性价格是 10 元/单位，那么这个价格就等于不存在外部性的各种用途上的边际社会净产值，同时也等于这些用途上的边际私人净产值。如果出现了负外部性（市场失灵），比如某个企业可以无代价地使用这种资源，那么这个企业利润最大化的条件一定是资源的边际私人净产值为 0，而边际社会净产值为 -10 元，二者出现了 10 元的背离，当然不满足等边际原理的要求。如果政府通过强制赔偿或者税收等政策对这个企业进行干预，从而使其边际私人净产值与边际社会净产值相等（都为 10 元），那么结果当然满足等边际原理的要求。这就是庇古的分析方法和政策结论，逻辑似乎无懈可击。然而科斯认为，这种对于外部性问题的分析方法和政策结论都有问题，原因在于，在正交易成本的真实世界中，责任规则的改变是总体决策而非边际决策，有可能在消除制度中的某些缺陷时带来更大的缺陷。具体可以参见科斯论文的第八章和第九章。

① △普通法的赔偿救济（damages）。参见：薛波主编 . 元照英美法词典［M］. 北京：法律出版社，2003：364。
② △征收"庇古税"（Pigovian taxes）。参见："The New Palgrave Dictionary of Economics"（2008，2nd edition）：Pigovian taxes。
③ △衡平法的禁令救济（injunction）。参见：薛波主编 . 元照英美法词典［M］. 北京：法律出版社，2003：696。

在我看来，这些建议的做法有不妥之处；原因在于，这样做的结果不一定可取，甚至经常不可取。①

---

① △"可取"（desirable）指可以实现整个经济的"产值最大化"（或者国民收入最大化、经济福利最大化）；相反，"不可取"指不能实现整个经济的"产值最大化"。科斯此处的意思是，根据庇古的分析得出的政策建议，有些可取，有些不可取，甚至经常不可取。经常不可取的原因在于，多数现实中的所谓有害影响，从总体上来说，消除它们的成本往往大于收益，当然不能实现产值最大化。这些有害影响，其实是政府故意为之，政策或法律使然。本文第七章对此有阐述。

▪第二章▪
问题的相互性①

　　传统方法②往往掩盖了必须要做出的选择的本质③。人们通常认为这是一个 A 给 B 带来损害的问题，因而需要做出的决定是：我们应该如何限制 A?④ 但是，这种认识是错误的。我们正在处理的是一个具有

---

　　①　△本章指出有害影响问题具有相互性，经济学上解决有害影响问题的原则是"要避免更严重的损害"（即实现产值最大化），并用三个例子加以说明。

　　②　△"传统方法"（traditional approach）即前面所说的庇古分析有害影响问题的方法："根据工厂私人产值与社会产值之间的背离进行分析"。科斯在本文第九章将庇古分析有害影响问题的方法冠之以"庇古传统"（Pigovian Tradition）。

　　③　△"必须要做出的选择的本质"（the nature of the choice that has to be made）是"选择允许 A 损害 B，还是选择允许 B 损害 A"，也就是如何实现产值最大化的问题。之所以叫"必须要做出的选择"，是因为二者必居其一。选择前者就意味着以减少 B 的产品的代价获得了更多 A 的产品，反之，选择后者就意味着以减少 A 的产品的代价获得了更多 B 的产品。对应下面的三个例子，选择的本质是：是要糖果还是要医疗服务？是要牛肉还是要谷物？是要排污工厂的产品还是要河鱼？按照福利经济学的要求，显然应该做出令产值最高的选择。科斯沿袭了斯密、马歇尔和庇古等英国经济学家优先关注生产的思想，社会经济活动的目标是产值最大化或国民收入最大化，也即"国富"。

　　④　△为什么当有害影响发生时，人们通常会认为是 A 给 B 带来的单向损害？原因大概在于人们通常按照时间顺序来确认加害者 A 与受害者 B 的身份，这或许与取得财产权的一种古老的传统方式"先占"（first possession，first occupant）有关。受害者 B 似乎享有权益在先，加害者 A 似乎侵犯权益在后，所以是加害者 A 对受害者 B 带来了损害。或者说，在人们的潜意识中就已经判定，受害者 B 已经拥有了某种权利来避免损害。例如，在游走的牛损毁谷物的案例中，农场主的谷物存在在先，养牛者游走的牛损毁谷物在后，所以人们通常认为是养牛者对农场主带来了损害。再如，在河流污染致鱼死亡的案例中，渔夫养鱼或捕鱼在先，工厂废水污染河流在后，所以人们通常认为是工厂主对渔夫带来了损害。

相互性的问题，因为避免对 B 的损害就会给 A 带来损害。① 我们真正需要做出的决定是：到底是允许 A 损害 B，还是允许 B 损害 A?② 关键是要避免更严重的损害。③ 在之前的一篇论文④中，我曾举过一个糖果制造商的案例，他机器的噪声和振动干扰了一位医生的工作。为了避免损害医生，就会给糖果制造商带来损害。所以从根本上来讲，该案面临这样的问题：如果限制糖果制造商使用的生产方法必然会使糖果产品的供给减少，那么是否值得以此为代价来获得更多医疗服务的供给？另一个例子是游走的牛损毁邻近土地上谷物的问题。如果一些牛的游走是无法避免的，那么牛肉供给提高的代价就是谷物供给的下降。选择的本质显而易见：牛肉或谷物。除非知道所获牛肉的价值以及为此所失谷物的价值，否则我们显然不能确定问题的答案。⑤ 再一个例子是乔治·J. 斯蒂格勒教授所提出的河流污染问题。⑥ 如果我们假设污染的有害影响是河鱼死亡，那么需要弄清的事情就是：死鱼损失的价值与因河流污染而增

---

① △问题的相互性反映了人类社会中权利（right）与责任（liability）的对立统一。给予 A 权利就是要求 B 承担责任，结果是 A 损害了 B；反之，给予 B 权利就是要求 A 承担责任，结果是 B 损害了 A。例如，养牛者有养牛并损毁谷物的权利，就是要求农场主承担谷物被牛损毁的责任，结果是养牛者损害了农场主；反之，农场主有谷物不被牛损毁的权利，就是要求养牛者承担谷物被牛损毁的责任，结果是农场主损害了养牛者。

② △此即"权利界定"（delimitation of right）问题，是法官在面对妨害案件时需要解决的核心问题。

③ △此即科斯解决有害影响问题的原则，体现了经济学对效率的追求。"要避免更严重的损害"就是"要实现产值最大化"；用经济学术语来讲，前者就是"成本最小化"，后者就是"产值最大化"，而"成本最小化"与"产值最大化"是经济学中的对偶命题，结果是实现了生产要素（或财产权利）的最优配置。

④ *Coase, "Federal Communications Commission", 26－27.

⑤ △如果要实现产值最大化，并且市场交易成本为正，那么哪种产品的价值高，就选择将权利赋予生产哪种产品，同时让另一方承受损害的责任。

⑥ *George J. Stigler, The Theory of Price, rev. ed. （New York：Macmillan Co.，1952），105。△斯蒂格勒在后续修订他的《价格理论》（1966）一书时，采纳了科斯本文的理论成果（即"科斯定理"），并采用了游走的牛损毁谷物的例子。参见：George J. Stigler. The Theory of Price（Fourth Edition），New York：Macmillan Co.，1966：118－119。

加的产品的价值相比，二者孰多孰少？不言而喻，我们必须对这个问题①进行总体分析和边际分析②。

---

① △"这个问题"（this problem）指避免更严重的损害的问题，即如何实现产值最大化或资源最优配置的问题。

② △边际分析决定最优生产规模，总体分析决定是否要开展生产，这是完全竞争市场结构下对单个厂商的分析方法。要解决资源的最优配置问题，两种分析都不能少。例如，在第三、四两章游走的牛损毁谷物的例子中，养牛者在决定最优牛群规模时，要符合边际收益与边际成本相等的条件，进行的是边际分析；农场主放弃种植的条件是牛群损毁谷物的价值超过了他从这块土地上获得的净收入，这时进行的是总体分析。对这里的理解，张五常似乎也错了，这导致了他在一篇文章中的很多分析似乎都有问题。参见：Cheung, The Myth of Social Cost, The Institute of Economic Affairs（London：1978），Hobart Paper。另外，在交易成本为正的真实世界中，在涉及制度变迁或总体的制度选择问题上，科斯更为强调"总体分析"，这一点可以参见本文第八章。

第三章
对损害负责的价格机制①

　　我打算通过剖析一个案例来开始我的分析。在这个案例中，如果损害方全额赔偿其造成的损害，并且价格机制完美运行（严格来说，这意味着价格机制的运行无需成本②），那么大多数经济学家③可能都会同意问题将会以完全令人满意的方式得到解决。

　　对于正在探讨的问题而言，游走的牛损毁邻近土地上谷物的案例是一个不错的例子。假设农场主与养牛者在毗邻的两块土地上经营；进一步假设，如果他们的土地之间没有栅栏，那么养牛者牛群规模的扩大会增加农场主谷物的总损失。④ 谷物的边际损失如何随牛群规模的扩大而变化是另一回事，这取决于牛群倾向于列队跟随还是并排漫游，规模扩

---

　　① △本章通过游走的牛损毁谷物的案例证明，如果养牛者负有损害赔偿责任（权利和责任明晰），那么在价格机制运行没有成本的条件下（市场交易成本为 0），生产要素（或财产权利）最终一定会实现产值最大化的最优配置。此处的价格机制（pricing system）即是市场配置资源的机制，或者可以简单理解为"市场"。"养牛者负有损害赔偿责任"意味着用责任规则保护农场主的权利。关于不同形式产权保护的经济意义，参见 Calabresi, Guido & Melamed, A. Douglas. Property Rules, Liability Rules, and Inalienability: One View of the Cathedral [J]. Harvard Law Review, Vol. 85, No. 6. 1972: 1089 – 1128。
　　② △即市场交易成本为零。
　　③ △指深受庇古分析方法影响的那些经济学家。由于科斯在此处假定损害方要为其损害负责，符合庇古提出的解决问题的办法，所以这些经济学家会对问题的解决方式感到满意。
　　④ △总体分析。

大时变得安静不动还是焦躁不安，以及其他类似的因素。① 不过，就我当下的目的而言，牛群规模扩大对谷物边际损失的任何假设都无关紧要。②

我打算使用一个算术例子来简化论证。假设修建栅栏隔离农场主土地的成本为 9 美元/年，谷物的价格是 1 美元/吨；并且假设牛群规模与年谷物损失量的关系如表 3-1 所示。③：

表 3-1   牛群规模与年谷物损失量的关系

牛群规模（头）	年谷物损失量（吨）	增加每头牛的年谷物损失量（吨）
1	1	1
2	3	2
3	6	3
4	10	4

假设养牛者对损毁谷物负责赔偿。④ 如果他将牛群规模从 2 头增加到 3 头，那么他每年因赔偿而增加的成本是 3 美元；当他决定牛群规模大小时，他会把这部分增加的成本和其他增加的成本一并考虑进去。也就是说，只有增加的牛肉价值（假设养牛者养牛是为了屠宰）大于牛群规模扩大而增加的饲养成本（包括增加的损毁谷物的价值）时，养

---

① △边际分析。

② △科斯当下的目的是要说明在交易成本为零和权利清晰界定的条件下，价格机制最终一定会使生产要素（或财产权利）达到最优配置，而对边际损失变动的任何假设都不会影响这个分析结果。

③ △"年谷物损失量"对应总成本，"增加每头牛的年谷物损失量"对应边际成本。由数字可知，科斯此处对边际成本的假设遵循经济分析的基本观点，即边际成本递增。边际成本递增的原因是边际报酬递减，而边际报酬递减是新古典生产理论的一个基本规律性假设。关于边际报酬递减的最为深刻和最为经典的论述，请参见：F. H. Knight. Some Fallacies in the Interpretation of Social Cost [J]. The Quarterly Journal of Economics, Vol. 38, No. 4 (Aug., 1924): 582－606。

④ △假设权利和责任已经清晰界定，养牛者赔偿农场主的谷物损失，所以也就不存在庇古所定义的外部性。庇古对外部性的定义可以参考本文第八章的开始部分。关于权责明晰且交易成本为零时不存在外部性的论述，参见：Oliver E. Williamson. Transaction Cost Economics: The Natural Progression [J]. American Economic Review 100 (June 2010): 673－690.

牛者才会扩大牛群规模。① 当然，如果养牛者能够采用其他办法（例如牧犬、牛仔、飞机、无线电等）减少损毁谷物，并且采用这些办法的成本少于为此所避免损毁谷物的价值，他就会这么做。② 假设修建栅栏的成本是 9 美元/年，再假设其他避免损毁谷物的办法的成本高于修建栅栏的成本，如果养牛者希望将牛群规模扩大到 4 头或更多，他就会出钱修建并维护栅栏。栅栏一旦修好，由损害赔偿责任③带来的边际成本就会变为 0 美元④，除非牛群规模的扩大需要一个更结实并且更昂贵的栅栏，这是因为可能有更多的牛会同时挤靠在栅栏上。不过，当然可能会出现养牛者支付损毁谷物赔偿金比修建栅栏更便宜的情况，在我的算术例子中，这种情况发生在养牛者打算把牛群规模控制在 3 头或以下时。⑤

可能有人会认为，如果养牛者到与农场主毗邻的土地上养牛时，由于养牛者会赔偿其造成的所有损毁谷物，所以这会促使农场主增加谷物种植量。不过，这种情况并不会发生。如果之前谷物市场处于完全竞争，种植当前数量的谷物时，边际成本和价格相等，那么种植数量的任何增加都会降低农场主获得的利润。⑥ 新形势下，损毁谷物的存在意味着农场主在公开市场上销售的谷物数量将会减少，但农场主在其土地种植上的收入却保持不变，这是因为养牛者会按照市场价格赔偿农场主损

---

① △"增加的牛肉价值"是第 3 头牛的边际收益，"增加的饲养成本（包括增加的损毁的谷物价值）"是第 3 头牛的边际成本，包括 3 美元的边际赔偿成本。当产品的边际收益大于边际成本时，并未实现利润最大化，当然要扩大牛群规模。

② △两害相权取其轻，既定产量或产值下一定要选择最小的成本。

③ △"损害赔偿责任"（liability for damage）在此处指"养牛者对损毁谷物负责赔偿"。

④ △栅栏修好后，牛群不能再损毁谷物，所以养牛者之后增加的牛的边际赔偿成本也就变为 0 美元。养牛者的边际赔偿成本的变化是：1 美元（第 1 头牛）、2 美元（第 2 头牛）、3 美元（第 3 头牛）、3 美元（第 4 头牛）、0 美元（第 5 头牛及以上）。这里请注意，第四头牛的边际赔偿成本是 3 美元，因为超过了 3 美元，养牛者就会修建栅栏。

⑤ △两害相权取其轻。3 头牛时，谷物损毁赔偿金为 6 美元，而修建栅栏的成本为 9 美元，当然养牛者会选择支付谷物损毁赔偿金。这里，养牛者打算控制的牛群规模可以理解为是利润最大化的最优牛群规模。

⑥ △完全竞争均衡时，农场主的边际收益（等于产品的市场价格）等于边际成本，已经实现了利润最大化，所以他不会再改变种植数量。这里的"改变种植数量"的意思是，在面积固定的土地上（短期均衡）通过改变投入（劳动、资本等）来改变种植数量。

毁的谷物。当然，如果养牛业普遍会造成谷物损毁，那么养牛业的出现就可能会提高谷物的价格，并促使农场主们增加谷物种植数量。但是，我希望将我的研究限定于单个农场主。①

我刚刚分析过，养牛者在与农场主毗邻的土地上养牛时不会带来农场主生产数量（或许更准确的说法是种植数量）的增加。实际上，如果养牛有什么影响的话，那就是它会降低种植数量。②原因在于，对于某块特定的土地，如果损毁谷物的价值过大，以致使未损毁谷物的销售收入少于耕种该块土地的总成本③，那么农场主与养牛者之间就可以达成协议，从而停止耕种该块土地，这对双方来说都有利可图。这可以通过一个算术例子来解释清楚。假设最初耕种这块土地所生产谷物的价值为 12 美元，并假设耕种这块土地的成本为 10 美元，那么耕种这块土地的净收入就为 2 美元。④为了简化分析，我假设农场主是这块土地的所有者。⑤接下来，假设养牛者开始在毗邻的土地上养牛，并造成价值 1 美元的谷物损毁。在这种情况下，农场主在市场上销售谷物得到了 11 美元，从养牛者那里得到了 1 美元的损毁谷物赔偿金，净收入仍为 2 美

---

① △完全竞争下的单个农场主是价格接受者（price taker）。科斯在此假定，他分析的是完全竞争行业中的单个厂商或单个参与者，其单独行动对整个行业或其他行业不会产生影响。

② △实际上，由于养牛的产值可能更高，所以资源（主要是土地）可能会从种植业转移到养牛业，资源的配置效率得到提高，当然谷物种植数量会降低。

③ "总成本"（total cost）指除土地之外的参与生产的其他要素（劳动、资本等）带来的成本。下面的数字例子中，总成本是 10 美元。

④ △10 美元的成本是指配置到这块土地上的其他生产要素的总机会成本。例如，假定参与耕种的生产要素还有劳动（农业工人）、资本（农业机器）、企业家才能（农场主自身），并假定无中间投入品（种子等），且这些生产要素的市场是完全竞争的，它们的市场价格分别为 3 美元、3 美元、4 美元，那么这些生产要素参与耕种这块土地的机会成本就等于它们的市场价格。所以，10 美元的成本就指这些生产要素的总机会成本。另外，生产要素的价格就是它们所获得的收入。因此，这里的 2 美元"净收入"（net gain）其实就是这块土地作为生产要素所获得的收入，或称之为"地租"，也就是这块土地配置到种植业所能得到的报酬。谷物生产所获得的 12 美元销售收入或产值，全部被参与生产的生产要素所分配，劳动、资本、土地、企业家所分配到的收入分别为 3 美元、3 美元、2 美元、4 美元。另外，科斯（1988）在反驳他的批评者指责他在分析时没有考虑到地租的存在与否时，用"地租"代替"净收入"给予了详尽的分析，得出了相同的结论（即"科斯定理"）。参见：Coase. The Firm, the Market, and the Law [M]. The University of Chicago Press, 1988: 163 - 170。

⑤ △生产要素的所有权归谁，生产要素所获得的收入就归谁。因此，这里 2 美元的净收入或地租归农场主所有。

元。现在假设，即便损毁谷物的赔偿金提高到 3 美元，养牛者扩大牛群规模也会有利可图。① 这意味着牛肉生产增加的价值高于为此增加的成本，当然也包括为增加的损毁谷物多支付的 2 美元赔偿金。但现在养牛者为损毁谷物支付的赔偿金总额为 3 美元，而农场主耕种土地获得的净收入仍为 2 美元。② 对于养牛者来说，如果农场主同意接受任何低于 3 美元的补偿金而停止耕种这块土地，养牛者的境况就会得到改善。而对于农场主来说，如果支付给他 2 美元以上的补偿金，他就会乐意停止耕种这块土地。显然，这里存在着令双方都满意的谈判余地，从而停止耕种这块土地。③ 同样的结论不仅对农场主耕种的整块土地成立，而且对整块土地中的任意小块也成立。④ 例如，假设牛群有一条确定的路径前往溪流饮水或树荫纳凉。在这种情况下，沿途的谷物损毁数量可能十分巨大；如果这种情况发生，那么农场主与养牛者将会达成对双方来说都有利可图的交易，从而停止耕种这块条状土地。

但这又产生了进一步的可能性。假设存在这样一条确定的路径，再假设耕种这块条状土地的谷物产值为 10 美元，但耕种成本却为 11 美元。没有养牛者时，农场主不会耕种这块土地。然而，假定养牛者开始

---

① △假设利润最大化的最优牛群规模是 2 头。

② △这意味着，农场主的这块土地配置到养牛业会创造出更多的价值。显然，这里存在着帕累托改进的可能性，从而使农场主和养牛者的福利水平或收入水平都得到提高。对于这块土地的产权（这里主要是使用权），农场主是卖方，他的保留价格是 2 美元；养牛者是买方，他的保留价格是 3 美元；二者之间存在着 1 美元的交易剩余。因此，如果这块土地从种植业转移配置到养牛业，整个社会将可以获得 1 美元的产值提高或福利改进。保留价格（reservation price）是指买方所能接受的最高价格或卖方所能接受的最低价格。

③ *文中的论证基于这样的假设：要么种植谷物，要么完全停止耕种。但不这样假设亦可。可能存在一些不易被牛损毁的谷物，但种植它们的收入没有种植容易被牛损毁谷物的收入高。因此，如果种植这种不易被牛损毁的新谷物会让农场主获得 1 美元而不是 2 美元的净收入，并且本来会产生价值 3 美元的谷物损毁的牛群规模在新情况下会带来价值 1 美元的谷物损毁，那么养牛者向农场主支付 2 美元或更低以使其变更谷物就有利可图（因为这会让养牛者的谷物损毁赔偿金从 3 美元降低到 1 美元）；同时，如果农场主接受 1 美元（农场主变更谷物导致的净收入降低量）以上的补偿，他变更谷物便有利可图。实际上，当变更谷物带来的谷物损毁赔偿金的减少量超过变更谷物造成的谷物产出的价值（不包括损毁的谷物价值）减少量时，就会存在令双方都有利可图的交易。也就是说，在任何情况下，只要变更所种植的谷物会使总产值（△“总产值”指种植业和养牛业的联合产值）提高，就存在有利可图的交易。

④ △同样的结论对任何资源配置也成立。只要交易成本为零，产权清晰，那么通过市场谈判就一定会实现资源的产值最大化的有效配置。

养牛，如果农场主也开始耕种这块条状土地，那么其上的所有谷物将会被牛群全部损毁。在这种情况下，养牛者会被迫支付给农场主 10 美元。农场主的确损失了 1 美元，但养牛者将会损失 10 美元。显而易见，双方都不希望如此，所以这种双输的局面不太可能持续下去。农场主的目的是诱使养牛者支付一定数量的补偿金，从而与之达成停止耕种这块条状土地的协议。农场主获得的补偿金额不可能超过修建栅栏隔离这块条状土地的成本，也不可能高到使养牛者放弃在毗邻的土地上养牛。① 补偿金的实际数额将取决于谈判双方各自的精明程度。但因为补偿金额不会高到使养牛者停止在毗邻的土地上养牛，并且也不会随牛群规模的改变而改变，② 所以谈判的结果不会影响资源的最终配置，仅会改变农场主和养牛者之间的收入和财富分配。③

我认为，显然，如果养牛者对损害负责且价格机制完美运行的话，那么养牛者在计算牛群规模扩大而增加的成本时，也将把其他地方减少的产值考虑进来。④ 这个增加的成本要和增加的牛肉产值进行权衡，假定养牛业处于完全竞争，那么养牛业的资源配置就会达到最优。需要强

① △谷物损毁补偿金额如果高于养牛者拥有这块土地产权时的净收入（net gain），那么养牛者就会放弃在这块土地上养牛。

② △"并且也不会随牛群规模的改变而改变"意思是养牛者对农场主补偿后，农场主停止耕种，所以不再有谷物损毁，所以补偿金额"不会随牛群规模的改变而改变"。

③ △可以用合作博弈中的"谈判理论"（bargaining theory）解决这个问题。假如养牛者愿意支付 10 美元的损毁谷物赔偿，那么农场主的威胁值（threat value）是 -1 美元，养牛者的威胁值是 -10 美元，二者之间有 9 美元的合作剩余（cooperative surplus），存在帕累托改进的可能性。如果二者平分合作剩余，那么养牛者将补偿给农场主 4.5 美元，以使农场主不再耕种这块条状土地。结果，这块闲置的条状土地最终配置给了养牛业，总产值提高了 11 美元（节约了农场主耕种这块土地的生产要素的成本）。参见：Cooter & Ulen. Law and Economics（6th Edition）[M]. Addison - Wesley，2002：74 - 76。

④ △"其他地方减少的产值"（the reduction in the value of production elsewhere）就是牛群规模扩大或牛肉产值提高的机会成本。科斯在本文第五章中赞叹，这是"完美运行的价格机制的一个美妙之处"。假如经济中只有种植业和养牛业，那么"其他地方减少的产值"就是种植业减少的产值。例如，如果养牛者赔偿牛群造成的损毁谷物，并且农场主继续耕种这块土地，那么"其他地方减少的产值"就是种植业减少的损毁谷物的价值。如果农场主停止耕种，并且生产价值 12 美元谷物的全部生产要素都转移到养牛业，那么"其他地方减少的产值"就会是 12 美元，这 12 美元就是牛群规模扩大或牛肉产值提高的机会成本。如果仅有农场主耕种的土地转移到了养牛业，那么"其他地方减少的产值"就会是 2 美元，因为除土地以外的其他生产要素还会转移到其他农场并且创造 10 美元的谷物产值（耕种边际土地的产值）。边际土地是指李嘉图地租为零的土地。参见维基百科：law of rent。

调的是，被养牛者计入成本的其他地方减少的产值，可能会少于用传统方法处理问题①时牛群损毁的谷物价值。这是因为，作为市场交易的一种结果，农场主有可能停止耕种这块土地。只要牛群造成的损毁谷物的价值（养牛者愿意为此支付赔偿金）超过农场主使用土地的支付价格②，那么停止耕种这块土地都是可取的③。完全竞争条件下，④ 农场主愿意为使用土地而支付的价格，等于生产要素⑤配置于这块土地时的总产值与它们配置于次优用途⑥时的增加产值（等于农场主使用生产要素必须支付的价格）之间的差额。如果损毁谷物的价值超过了农场主使用土地的支付价格，那么生产要素配置于其他地方时的附加产品价值就会超过它们配置于这块土地时扣除损毁谷物价值后的总产值。⑦ 由此得出结论，停止耕种这块土地并释放生产要素，将它们配置于其他地方是可取的。如果解决问题的方法仅仅提供了对牛群损毁的谷物进行赔偿的可能性，而没有考虑到停止耕种的可能性，就会使生产要素在养牛业中配置得过少，而在种植业中配置得过多。⑧ 不过，假设市场交易可行，损

---

① △"传统方法处理问题"（the ordinary course of events）指只考虑赔偿谷物损毁，而不考虑通过市场交易停止耕种的处理问题方法。

② △"使用土地的支付价格"（pay for the use of land）就是地租。科斯在本章中的分析，前面假定农场主是土地所有者，此处又假定农场主租用别人的土地。

③ △"都可取"（desirable in all cases）的意思是都实现了帕累托最优或价值最大化。

④ △指产品市场和除了土地之外的其他要素市场都完全竞争。

⑤ △指除了土地之外的其他生产要素。

⑥ △"次优用途"（next best use）可以理解为完全竞争行业的其他用途。完全竞争下，要素的价格等于其边际产品价值。例如对于劳动生产要素，工资率 $w = MP \times P = VMP$，MP 是劳动的边际产品，VMP 是劳动的边际产品价值，P 是完全竞争行业的产品价格。所以，当劳动生产要素从这块土地上转移配置到完全竞争行业的其他用途时，其他行业增加的产值就等于支付给劳动的工资。这里的"次优用途"可以指耕种"边际土地"（marginal land）。

⑦ △举例说明。劳动（农业工人）、资本（农业机械）、企业家才能（农场主本人）这些生产要素的竞争性市场价格分别为3美元、3美元、4美元，它们配置到这块土地上时会生产出市场价值12美元的谷物。农场主使用土地的支付价格（地租）为2美元，而损毁谷物的价值却为3美元。这样，生产要素（劳动、资本、企业家才能）配置于其他地方时的增加产值为10美元（3美元+3美元+4美元），超过它们配置于这块土地时的总产值（扣除损毁谷物的价值）9美元。9美元=12美元（谷物的总价值）-3美元（损毁谷物的价值）。

⑧ △相当于土地生产要素在种植业中配置得过多，在养牛业中配置得过少。解决问题的方法，一是要产权清晰界定，二是要允许自由市场交易。

毁谷物的价值超过地租①的情况不会持续太久。② 无论是养牛者补偿农场主使其停止耕种，还是他转向土地所有者支付比农场主略高一些的地租以获得这块土地的使用权（如果这块土地是农场主租用的），最终结果同样都能够实现产值最大化③。即便农场主故意种植无利可图的谷物，也完全是一种短期现象，他最终也会接受停止耕种该块土地的协议。养牛者仍会留在原地养牛，并且牛肉生产的边际成本依然如故④，因此不会对资源配置造成任何长期影响。⑤

---

　　① △"地租"（the rent of the land）就是前面所说的"使用土地的支付价格"，这里应该理解为李嘉图地租（Ricardian rent）。

　　② △与本章标题相呼应，强调价格机制的有效性。强调价格机制或市场机制的有效性是芝加哥经济学派（Chicago School of Econoimcs）的一贯传统。芝加哥经济学派信奉自由市场经济中竞争机制的作用，相信市场力量的自我调节能力，认为市场竞争是市场力量自由发挥作用的过程。

　　③ △"产值最大化"（maximise the value of production）是生产要素配置的产值最大化。如果实现了产值最大化，那么经济就处于帕累托最优状态，当然也满足庇古所说的经济福利（economic welfare）最大化或国民收入（national dividend or national income）最大化。

　　④ △"牛肉生产的边际成本依然如故"的原因是，当农场主与养牛者达成协议后，那块条状土地如以前一样不会得到耕种。可以把养牛者为了让农场主停止耕种而补偿其的补偿金当作固定成本，这不影响养牛的边际成本。

　　⑤ △这里指前面条状土地上所发生的情况。

▨ 第四章 ▨
对损害无责的价格机制[①]

接下来，我转向剖析这个案例[②]的另一种情况：尽管价格机制仍被假设为完美运行（即无成本），但是损害方无需为其造成的任何损害负责。[③] 也就是说，损害方不必赔偿那些受其行为损害的人。我将证明，在这种情况下，资源的配置与损害方为其造成的损害负责时的情况完全一样。[④] 我已经在前面证明，资源的这种配置是最优的，所以无须再赘述。

我继续分析农场主和养牛者的案例。随着牛群规模的扩大，农场主遭受的谷物损毁量也会随之增加。[⑤] 假设养牛者的牛群规模为 3 头（并

---

① △本章通过游走的牛损毁谷物的案例证明，如果养牛者没有损害赔偿责任，那么在价格机制运行没有成本的条件下，财产权利（或生产要素）最终同样会实现最优配置，即产值最大化。此处"养牛者没有损害赔偿责任"相当于用责任规则保护养牛者的权利。

② △"这个案例"（the case）与第三章第一句中的"一个案例"（a case）相对应。

③ △此处假设权利和责任已经清晰界定，所以也就不存在庇古所定义的外部性。只不过与第三章不同的是，这里的权利是"养牛者无需为其造成的任何损害负责"，而责任是"农场主自行承担牛群造成的谷物损毁"。权责清晰界定，若允许自由市场交易，那么结果同样会是产值最大化，资源得到最优配置。

④ △只要证明养牛者养牛的边际成本在其对损害负责时和无责时相比完全没有改变，那么资源的配置也就不会改变。因为，养牛的边际成本不变意味着牛群的最优规模不会改变，而牛群的最优规模不变意味着养牛使用的资源或生产要素数量不会改变，再加上允许自由市场交易，所以无论养牛者是否对其损害负责，资源的配置结果都一样。这一点是理解科斯本人对"科斯定理"的证明思路的关键。

⑤ △第三章中的假设，总体分析。

且这个牛群规模是养牛者不对损害负责时所愿意维持的牛群规模①）。如果养牛者将牛群规模降为 2 头，那么农场主愿意为此向养牛者支付 3 美元②；牛群规模降为 1 头，农场主愿意支付 5 美元；停止养牛，农场主愿意支付 6 美元。因此，当养牛者将牛群规模从 3 头降为 2 头时，他将从农场主那里获得 3 美元的收入。可见，放弃的这 3 美元就成为养牛者饲养第 3 头牛的成本的一部分。无论这 3 美元是养牛者为了增加第 3 头牛而支付给农场主的金额（如果养牛者对其造成的谷物损害负责），还是养牛者放弃饲养第 3 头牛而从农场主那里获得的一笔收入（如果养牛者对其损害无责），最终结果都不受影响③。两种情况下，这 3 美元都是养牛者增加第 3 头牛的成本的一部分，都要和其他成本一起被计入增加第 3 头牛的成本。如果牛群规模从 2 头扩大为 3 头，并且养牛增加的产值大于为此增加的成本（包括损毁谷物的 3 美元赔偿金），牛群规模就会扩大。④ 反之，牛群规模就不会扩大。无论养牛者是否对谷物损毁负责，牛群规模都相同。⑤

　　可能会有人反驳称，我最开始直接假定养牛者饲养 3 头牛太随意了。⑥ 的确如此。不过，对于养牛者不可能造成的谷物损毁，农场主不

---

　　① △"愿意维持的牛群规模"（the size of the herd that would be maintained）是养牛者的最优牛群规模，或者利润最大化时的牛群规模。这个假设是说，如果养牛者不对损毁谷物负责，那么他的利润最大化的最优牛群规模是 3 头。科斯后面证明，无论养牛者对损毁谷物负责与否，他的利润最大化的最优牛群规模都是 3 头。

　　② △之所以"农场主愿意为此向养牛者支付 3 美元"，是因为养牛者将牛群规模从 3 头降低为 2 头时，损毁谷物的价值减少了 3 美元。如果农场主为此向养牛者支付 3 美元，那么对农场主的收入不会产生任何影响。

　　③ △这里的"最终结果"（final result）是指无论养牛者是否对谷物损毁负责，饲养第 3 头牛的这部分边际成本都为 3 美元。经济分析中的一切成本都是机会成本。运用机会成本的概念，很容易理解这个结论。

　　④ △相当于说，如果养牛的边际收益大于边际成本，那么养牛者就会扩大牛群规模。反之，则不会扩大牛群规模。

　　⑤ △养牛者对损毁谷物赔偿与否，都不改变养牛的边际成本。由于牛肉市场完全竞争，所以最优（均衡）牛群规模不会发生任何改变。如果市场交易成本为零，那么在价格机制作用下，资源的最终配置也不会发生任何改变。这就说明了，无论养牛者是否对其造成的损害负责，资源配置的结果都是同样的产值最大化。

　　⑥ △这里指一开始就指定 3 头牛的最优牛群规模太"随意"（arbitrary）了。科斯的意思是说，无论一开始把最优的牛群规模指定为多少，都不会影响最终的分析结果。这个（转下页）

会为此向其支付避免谷物损毁的补偿金。例如，能够诱使农场主支付的金额最高不会超过 9 美元/年，即修建栅栏的成本。并且，只有当这个金额①不会让农场主的收入减少到使其放弃耕种这块土地的水平时，农场主才会愿意支付这个金额。而且，只有当农场主相信，如果他不对养牛者做任何补偿的话，养牛者维持的牛群规模②就会是 4 头或更多，农场主才会愿意支付这个金额③。假设情况就是如此。那么，如果养牛者将牛群规模降为 3 头，农场主就愿意为此向养牛者支付 3 美元;④牛群规模降为 2 头，农场主愿意支付 6 美元;牛群规模降为 1 头，农场主愿意支付 8 美元;停止养牛，农场主愿意支付 9 美元。值得注意的是，无论对牛群规模做出怎样的初始假设，养牛者从既定牛群规模减少既定数量，他从农场主那里得到的补偿金额都不会改变。⑤当养牛者将其牛群规模从 3 头降为 2 头时，他从农场主那里得到的补偿金额依然为 3 美元，这 3 美元代表了饲养第 3 头牛时所增加的损毁谷物的价值。尽管农场主在没有支付给养牛者补偿金之前，他对养牛者的最优牛群规模有不

（接上页）结果就是：无论养牛者是否对谷物损毁负责，牛群的最优规模都不会变。原因在于，无论养牛者是否对谷物损毁负责，养牛者的边际成本都不会改变。如果牛肉市场处于完全竞争，那么两种情况下牛群的最优规模一定相同。养牛者的边际成本包括两部分：一部分是边际赔偿成本（如果养牛者对损害负责）或边际补偿成本（如果养牛者对损害无责），边际赔偿成本等于边际补偿成本。另一部分是其他边际成本。边际赔偿成本或边际补偿成本是：1 美元（第 1 头牛）、2 美元（第 2 头牛）、3 美元（第 3 头牛）、3 美元（第 4 头牛），之后增加的牛都是 0 美元。如果其他边际成本不变，养牛者的边际成本就不会改变。

　　① △"这个金额"（this sum）指"9 美元/年"。此句和前后两句都是为了说明为什么农场主愿意支付的最高金额不会超过 9 美元/年。

　　② △"维持的牛群规模"（the size of the herd maintained）即养牛者的最优牛群规模。

　　③ △"这个金额"（this amount）指"9 美元/年"。

　　④ △养牛者养 4 头牛时，若无栅栏，农场主的谷物损毁会是 10 美元，但农场主愿意付出 9 美元来修建栅栏以避免 10 美元的谷物损毁。当养牛者养 3 头牛时，农场主的谷物损毁会是 6 美元，所以农场主最多愿意支付 3 美元（9 美元 -6 美元）来使养牛者从养 4 头牛变为养 3 头牛。

　　⑤ △因为农场主愿意支付的边际补偿金额不会随牛群规模而改变，所以"养牛者从既定牛群规模减少既定数量，他从农场主那里得到的补偿金额都不会改变"。例如，如果补偿金额不会让农场主的收入减少到使其放弃耕种这块土地，那么农场主愿意支付的边际补偿金额分别为 1 美元（第 1 头牛）、2 美元（第 2 头牛）、3 美元（第 3 头牛）、3 美元（第 4 头牛）、0 美元（第 5 头牛及以上）。因此，无论最优牛群规模是 3 头、4 头还是 5 头及以上，"养牛者从既定牛群规模减少既定数量，他从农场主那里得到的补偿金额都不会改变"。

同看法（无论合理与否），并且这可能会影响到他愿意支付的补偿总额，但养牛者实际维持的牛群最优规模不会受到任何影响。① 这②与养牛者对损害负责时的情况完全一样，因为他需要放弃的补偿金额与他需要支付的赔偿金额是相等的。③

或许有人认为，一旦双方要达成交易，养牛者就会扩大牛群规模，从而诱使农场主支付更多的补偿金。这个有一定的可能性。这和（当养牛者为其造成的损失负责时）农场主在和养牛者达成协议后，农场主随后停止耕种（包括在没有养牛时根本就闲置的土地）的做法本质上是一样的。不过，这样的策略仅仅是达成交易之前的谈判技巧，它们并不会影响长期的均衡位置，④ 无论养牛者是否对谷物损毁负责，结果都一样。

有必要确定损害方是否为其损害负责，因为没有权利的初始界定，就不会有权利的市场交易和重组。⑤ 不过，如果假设价格机制的运行没有成本，那么最终的结果（即产值最大化）与法律立场无关。⑥

---

　　① △比如，假设牛群的实际最优规模是 3 头。如果要养牛者放弃养牛的话，农场主须支付给他的补偿总额是 6 美元。但是，农场主认为牛群的最优规模应该是 2 头；如果养牛者放弃养牛的话，农场主只愿意为此支付 3 美元的补偿总额。不过，这不影响养牛者实际维持 3 头牛的最优牛群规模。即便农场主认为牛群的最优规模应该是 4 头，他愿意为停止养牛支付的补偿总额是 9 美元，那么在没有得到农场主的补偿支付之前，养牛者也会维持 3 头牛的最优规模。因此，无论农场主对牛群最优规模有何不同看法，都不会影响养牛者实际维持的最优牛群规模。
　　② △"这"（this）指"养牛者对损害不负责"。
　　③ △无论养牛者是否对谷物损毁负责，他的边际成本都不改变，他的最优牛群规模都不改变，所以二者完全一样。
　　④ △"长期的均衡位置"（long-run equilibrium）指产值最大化的最优资源配置。
　　⑤ △明晰的产权是市场交易的前提。
　　⑥ △这就是科斯表述的科斯定理或科斯第一定理的内容。科斯（1988）本人并没有提出科斯定理这个术语，它要归功于斯蒂格勒。参见：Coase. The Firm, the Market, and the Law [M]. The University of Chicago Press, 1988：157。"法律立场"（legal position）指法律对权利的初始界定。另外关于科斯定理，可以参见：约瑟夫·费尔德，李政军. 科斯定理 1 - 2 - 3 [J]. 经济社会体制比较, 2002（5）：72～29。或者参见 "The New Palgrave Dictionary of Economics"（2008, 2ⁿᵈ edition）：Coase theorem。

第五章
问题的再说明[①]

　　工商企业行为的有害影响呈现多种多样的形式。[②] 一个早期的英国案例涉及一幢房屋；这幢房屋阻挡了空气流通，妨碍了一处风力磨坊的运转。[③] 一个近期的佛罗里达州案例同样涉及一幢房屋；这幢房屋遮挡了阳光，向邻近酒店的海滩棚屋、游泳池和太阳浴场投射了阴影。[④] 在第三、第四章中，我详细剖析了游走的牛损毁谷物的问题；尽管这个问题看起来好像是个特例，然而实际上，它与其他有害影响问题在本质上别无二致。为了更清楚地阐明我的论点[⑤]，也为了证明其普适性，我将通过四个真实的案例来重新说明这个论点。

---

　　① △本章用四个真实的案例来重新说明有害影响问题及其相互性，并且说明如果价格机制完美运行（无需成本），那么无论法律如何判决，最终结果都会是产值最大化（科斯定理）。前面第三、第四章中用于说明问题的例子（游走的牛损毁谷物）是科斯虚构的。

　　② △有害影响或外部性在人们的生产和生活中无处不在，形式多样，是重要的经济、社会和法律问题。斯蒂格勒指出："实际上，从严格逻辑来说，几乎不存在所有后果都有实施者一方承担的行为。"参见：G. J. Stigler. The Theory of Price（Fourth Edition）[M]. New York：MacMillan Co. ，1966：117。

　　③ ＊See Gale on Easements 237–239（13th ed. M. Bowles 1959）.

　　④ ＊See Fontainebleu Hotel Corp. v. Forty–Five Twenty–Five, Inc. , 114 So. 2d 357（1959）.

　　⑤ △这个"论点"就是斯蒂格勒命名的"科斯定理"。用科斯前面的原话说就是："有必要确定损害方是否为其损害负责，因为没有权利的初始界定，就不会有权利的市场交易和重组。不过，如果假设价格机制的运行没有成本，那么最终的结果（即产值最大化）与法律立场无关。"（本书第四章最后一段）

　　首先，让我们重新考虑斯特奇斯诉布里基曼案（Sturges v. Bridgman①）；在《联邦通讯委员会》一文中，我用此案作为一个例证来阐明这个一般问题②。此案中，一个糖果制造商（位于威格莫尔街）一直使用两台研磨机生产糖果（其中一台已经在同一位置运转了 60 年，另一台也已经运转了 26 年）。随后，一位医生占用了毗邻的土地（位于威格莫尔街）。一开始，糖果制造商的生产机器并未给医生带来任何损害；但在搬过来八年后，医生在他花园的尽头、紧靠糖果制造商生产车间的地方建造了一个诊室。接着医生发现，糖果制造商的机器产生的噪声和振动让他无法使用新建的诊室。"特别是……噪声让他无法给病人听诊③胸腔疾病。他还发现，他无法有效地处理任何需要静心思考和认真专注的工作。"因此，医生提起诉讼，要求糖果制造商停止使用其机器。法院随即就给予了医生所寻求的禁令④。"严格执行我们据以判决的原则⑤，可能会给个别人带来一些困难；但若否定该原则，就会给其他人带来更多困难，并且会对住宅用地的开发建设产生不利影响。"⑥

------

　　①　＊11 Ch. D. 852（1879）．△Ch. D. 是 Chancery Division 的缩写，是英国高等法院的大法官庭。Sturges v. Bridgman 案是该法庭于 1879 年判决的案件，收编于该法庭当年的第 11 卷案例汇编，起始于第 852 页。

　　②　△"这个一般问题"（the general problem）就是前面一段最后所说的"这个论点"，指"科斯定理"。

　　③　＊听诊是用耳朵或听诊器进行辨听，通过声音来诊断病人身体状况。

　　④　△"禁令"（injunction）是法院签发的要求当事人做某事或某行为或者禁止其做某事或某行为的命令。它是一项衡平法上的救济措施。当普通法上对某种损害行为不能提供充分的救济时，便可寻求以禁令作为补救。它主要用来防止将来某种损害行为的发生，而不是对已发生的损害给予补偿，或者是对不能以金钱来衡量或给予金钱损害赔偿并非恰当的解决方式的损害行为提供救济。参见：薛波（主编）. 元照英美法词典［M］. 北京：法律出版社 .2003：696。

　　⑤　△"原则"（the principle）是指本案据以判决的法律原则。获得地役权需要供役地所有者的同意或默许。法院认为本案被告没有获得地役权，原因就在于没有得到供役地所有者的同意或默许。判断供役地所有者是否同意或默许的法律原则就是本案据以判决的法律原则。该原则认为，"无法被阻止的享有不能被认为是获得了人们的同意或默许。"（that an enjoyment which a man cannot prevent raises no presumption of consent or acquiescence）。参见：Sturges v. Bridgman［11 Ch. D. 852（1879）］。

　　⑥　△显然，从判决意见中可以看出，法院支持威格莫尔街的住宅建设，法官在判决中考虑到了经济问题。如今伦敦的威格莫尔街，生产工厂早已荡然无存，住宅或酒店等商业建筑矗立两旁。

　　法院的判决确立了医生有权制止糖果制造商使用机器。不过，当然也存在着这样的可能性，即双方通过交易来改变法律裁定的权利安排。① 如果糖果制造商能够支付给医生一笔钱的话，医生就会愿意放弃自己的权利，从而让糖果制造商的机器继续运转；这笔钱要超过医生所遭受的损失，例如搬迁到一个更昂贵或者更不便的地方，或者削减他在本地的行医活动，或者建造一堵隔离墙来屏蔽噪声和振动。如果这笔需要支付给医生的钱小于糖果制造商改变他在本地的生产方式，或者停止生产，或者把他的糖果工厂搬迁到其他地方所遭受的收入损失的话，他就会愿意为此买单。根本而言，问题的解决方式取决于糖果制造商继续使用机器给他带来的收入增加是否会多于给医生造成的收入减少。② 但现在我们来假设糖果制造商胜诉。那么，糖果制造商将有权继续使用他的产生噪声和振动的机器，而无需向医生支付任何赔偿。这时情况就会发生反转：医生为了诱使糖果制造商停止使用机器，他必须向其付钱。糖果制造商继续使用机器的情况下，如果医生收入的减少超过了糖果制造商收入的增加，那么显然双方就有谈判余地，结果是医生付钱给糖果制造商让他停止使用机器。这就是说，如下两种情况的结果是相同的③：一种是对糖果制造商而言，不值得他继续使用机器并且支付给医生损失赔偿（当医生有权利阻止糖果制造商使用其机器时），另一种是对医生而言，值得他付钱给糖果制造商从而使其停止使用机器（当糖果制造商有权利使用机器时）。这个案例中的基本状况和游走的牛损毁谷物的例子中的基本状况完全一样。当市场交易没有成本时，法院关于损害责任的判决不会影响资源的最终配置。④ 当然，法官们会认为他们正在影响经济制度的运行——并且朝着一个有利的方向运行。任何其他判

____

　　① △市场交易可以改进法律对权利的初始界定配置，从而实现产值最大化。
　　② ＊请注意，此处考虑的是收入变动（change in income），而收入变动由生产方式、生产位置、产品性质等等的改变而造成。
　　③ △结果都是糖果制造商停止使用机器，而医生正常营业。这就是科斯定理的结论，即当交易成本为零时，产权的初始界定不影响最终配置。
　　④ △即科斯定理。

决都会"对以居住为目的的土地开发产生不利影响"，这一理由在本案中通过考察一个锻造厂的例子得到详尽阐明；这个锻造厂运行在一块贫瘠的荒地上，而这块荒地后来以居住为目的进行了开发。不过，只有当完成市场交易所必需的成本超过重新配置权利所产生的收益时，法官们认为他们正在解决如何使用土地的观点才是正确的。① 并且，仅当增加的住宅设施的价值超过减少的蛋糕或钢铁②的价值时，将这些区域（威格莫尔街或那片荒地）确定为住宅用地或专门用地（通过"禁令"给予非工业土地使用者阻止噪声、振动、烟尘之类侵扰的权利）才是有利可图的。但法官们似乎没有注意到这点。

　　同样问题③的另一个例子来自库克诉福布斯案（Cooke v. Forbes④）。椰棕垫制造过程中的一个工序是将椰棕垫浸泡在漂白液中，之后被悬挂在外面晾干。邻近一个硫酸铵工厂排放的气体会使悬挂在外面的椰棕垫由鲜亮变成灰黑。原因是漂白液中含有氯化锡，其与硫化氢气体反应之后会使椰棕垫的颜色变暗。原告寻求以禁令的救济方式来阻止工厂排放气体。被告律师反驳称，如果原告"没有使用……某种特定的漂白液的话，他们的椰棕垫就不会受到影响；他们的生产工序异于常规，不合乎商业惯例，甚至对他们自己的产品造成损害。"法官评论道："……个人有权在其土地上采用某种工序进行生产，即便其中使用了氯化锡或任何其他种类的金属染剂，他的邻居也不能随意排放气体来干扰他的生产，这在我看来十分清楚。如果他能够追查到是邻居排放了气体，那么我认为他当然有权诉诸法院并请求救济。"不过事实上，原告受到的损

---

　　① △此处意思是，当市场交易成本过大，从而不容易通过市场谈判来重新配置权利时，此时法律对权利的初始界定才会对权利的最终配置产生影响。

　　② △蛋糕为斯特奇斯诉布里基曼案中的糖果制造商生产，钢铁为锻造厂的例子中的锻造厂生产。

　　③ △"同样问题"（the same problem）是指有害影响问题。

　　④ ＊L. R. 5 Eq. 166（1867－1868）. △L. R. 是 Law Reports（法律报告）的缩写，Eq. 是 Equity（衡平法）的缩写。Cooke v. Forbes 案是英国衡平法院于 1867～1868 年间判决的案件，收编于该法庭当年的第 5 卷案例汇编，起始于第 166 页。

害是意外的或偶发的①，而被告也采取了认真的防护措施，并且也不存在特别的危险；据此考虑，原告提出的禁令救济被驳回，如果他愿意，他可以再向法院提出赔偿救济的诉讼。② 我不太清楚案件的后续进展。但是显然，除了椰棕垫生产商不能获得禁令救济而只能从硫酸铵生产商那里寻求损害赔偿外，这个案例的情况与斯特奇斯诉布里奇曼案的情况在本质上是相同的。这种情况的经济分析与牛群损毁谷物一例的经济分析是相同的。为了避免损害发生，硫酸铵生产商可以升级防护措施，或者搬迁新址。任何一种处理方式都可能增加他的成本。或者他可以为其造成的损害进行赔偿。如果损害赔偿金低于为避免损害发生而必须增加的成本③，硫酸铵生产商就会选择支付损害赔偿金。于是，损害赔偿金就成为硫酸铵生产成本的一部分。当然，如果就像在本案的法律诉讼中提到的那样，椰棕垫生产商可以通过更换漂白剂来消除损害（这可能会增加椰棕垫生产商的成本），并且如果增加的成本小于不更换漂白剂所造成的损害时，两个生产商就可能达成令双方都满意的交易，从而采用新的漂白剂。即便法院判决椰棕垫生产商败诉，从而致使其必须承受损害却无法得到赔偿，但是资源的配置结果④并不会受到影响。这时，如果增加的成本小于减少的损害，椰棕垫生产商就会更换漂白剂。并且，因为如果硫酸铵生产商停止排放气体的话，椰棕垫生产商就愿意支付给他一笔等于椰棕垫生产商收入损失的钱（增加的成本或遭受的损失），所以这个收入损失就会成为硫酸铵生产商的一部分生产成本。这个案例

---

① △强调"损害是意外的或偶发的"，就是为了说明不能给予原告禁令救济。

② △这个案子是在衡平法院判决的。所以，如果椰棕垫生产商要求赔偿救济的话，他还需要起诉到普通法院。英国 1873～1875 年《司法组织法》（Judicature Acts）将分离的普通法管辖权和衡平法管辖权合并起来，使得新设的高等法院的每一个法庭同时可以提供普通法和衡平法救济；但作为实体规则，普通法和衡平法仍旧保持各自的鲜明特征，而未因此融合起来。禁令救济属于衡平法救济，赔偿救济属于普通法救济。参见：薛波主编．元照英美法词典[M]．北京：法律出版社，2003：483。

③ △"为避免损害发生而必需增加的成本"指硫酸铵生产商为避免损害发生而"升级防护措施"或者"搬迁新址"等所增加的成本。

④ △"资源的配置结果"指产值最大化的结果。

的分析其实与游走的牛损毁谷物的例子完全相同。①

　　布莱恩特诉勒菲弗案（Bryant v. Lefever②）以一种新奇的形式呈现了一个烟尘妨害③问题。原告和被告分别是两幢相互毗邻且高度相同的房屋所有者。

　　1876 年之前，原告可以在他房屋的任何一间屋子里生火，并且不会出现烟囱排放不畅而烟尘倒灌房间的问题；这种状况已经持续了大概三四十年。1876 年，被告一家拆掉了他们的旧房，并且开始重建新房。他们在原告的烟囱旁边竖起一堵远超原有高度的墙，并且在自家房顶上堆放木材，这就造成原告的烟囱总是排放不畅而烟尘倒灌房间的问题。

　　烟囱排放不畅的原因当然是竖起的高墙和堆放的木材阻碍了空气的自由流通。在有陪审团的初审法院判决中，原告获得了 40 英镑的赔偿救济。然后，这个案子到了上诉法院，初审判决被推翻。布拉姆韦尔法

---

　　①　△关于禁令救济和赔偿救济的经济学讨论，参见法经济学的另一篇奠基性文献：Calabresi, Guido & Melamed, A. Douglas, "Property Rules, Liability Rules, and Inalienability: One View of the Cathedral", Harvard Law Review, Vol. 85, No. 6. (Apr., 1972): 1089 - 1128。或者参见：陈国富. 法经济学. 北京：经济科学出版社，2005：27 - 32。

　　②　4 C. P. D. 172（1878 - 1879）.△C. P. D. 是 Common Pleas Division 的缩写，是英国高等法院的民事诉讼庭。Bryant v. Lefever 案是该法庭于 1878 ~ 1879 年间判决的案件，收编于该法庭当年的第 4 卷案例汇编，起始于第 172 页。

　　③　△"妨害"（nuisance）是一个广泛采用但含义并不十分确定的概念，一般指一个人在使用其财产（通常与对土地的占用有关）时的不合理、不正当或不合法的行为，或法律规定的其他不法行为，损害或妨碍社会公众共同享有的人身或财产权利，或者妨碍他人使用土地或享受与土地有关的权利。例如，在自己的土地上排放毒物、烟、难闻的气味或发出噪声等，损害他人身体健康；或阻塞公共道路，或任凭自己位于公共道路旁边的房屋有坍塌之危险，从而妨碍公众通行。这些均非对他人权利的直接干预，而是给他人行使权利造成重大不便、障碍或困难，以致可依法推定造成了损害。妨害的构成依具体案情取决于众多因素，例如相邻关系的类型、财产或不法行为的性质、损害行为的经常性与持续时间以及损害的性质与程度等。根据受害者的范围，妨害可分为：一是公共妨害（public or common nuisance），即对不特定多数人或某一地区全体居民或所有进入妨害行为影响范围的人的妨害。这既是一项普通法上的犯罪，可据以提起公诉，也是一项民事侵权行为，可以由检察官、地方政府或受害者本人提起民事诉讼。二是私人妨害（private nuisance），即对某一特定个人或特定数人的土地使用权或相关权利的妨害。受害人可通过民事诉讼请求排除妨害（abatement of nuisance）、颁发禁令（injunction or mandanus）、给付损害赔偿金等救济。三是混合妨害（mixed nuisance），指既构成对社会公众的妨害又给某一个或某一些个人造成了特殊损害。参见：薛波（主编）. 元照英美法词典[M]. 北京：法律出版社. 2003：986。

官（Bramwell, L. J.①）指出：

......据说，并且陪审团也认为，被告所为造成了原告房屋的妨害。我们认为这毫无根据。妨害无疑是存在的，但这并非是被告的原因。被告与妨害的产生毫无关系。被告的房屋和木材是完全无害的。造成妨害的原因在于原告自身，他在自家房屋内点燃炭火，而烟囱如此靠近被告的房墙，致使烟尘无法排放出去，反而倒灌自家房屋。如果原告不点燃炭火、如果他把烟囱移到别处、如果他加高烟囱，妨害就不会发生。这样看来，妨害又是由谁造成的呢？很清楚，原告自身造成了妨害。② 被告在其房顶上堆放了木材，原告无论是在此前建造他的房屋或烟囱，还是在此后，结论都是如此。③ 不过（事实上答案完全一样④），即便被告造成了妨害，他们也有权利这样做。如果原告的空气流通权利受制于被告的建造房屋及堆放木材的权利，除此之外他并无其他空气流通的权利，那么原告的权利是受制于被告的权利的；⑤ 这就是说，即便被告行使其权利时对原告产生了妨害，他们也不用为此负责。⑥

并且柯顿法官（Cotton, L. J.）说：

据说，被告竖起的高墙明显且严重地干扰了原告房屋中人类生活的舒适性；而且据说，这是一个应由被告承担责任的妨害。通常情况下确实如此，但是被告并没有把任何烟尘或有害气体直接排放到原告房屋

---

① △这里的"法官"（L. J.）是指英国上诉法院的法官，L. J. 是 Lord of Justice 的缩写。
② △显然，布拉姆韦尔法官或者没有看到"问题的相互性"，或者做了法律上的"偏袒"。
③ △即原告自身造成了妨害。
④ △即被告不会为原告的损害负责。
⑤ △意思是在被告没有建造房屋和堆放木材之前，原告的烟囱可以通风。但是，这种可以通风的前提是被告没有行使建造房屋和堆放木材的权利。一旦被告行使自己的权利，原告的权利也就消失了，结果是烟囱不能通风。但这并不是妨害，因为原告的权利受制于（is subject to）被告的权利。
⑥ △此句是对上一句的解释。

中，他只是以某种方式阻碍了烟尘从原告房屋中排出……而原告并不拥有该项法律权利。① 原告制造了烟尘，并且干扰了他自己的舒适生活。除非他……有权用某种特定途径消除烟尘，而这种途径又被被告干涉，他就不能起诉被告；因为原告自身制造了烟尘，而他又没有采取任何有效方法排出烟尘，这才导致了他的烦恼。这就好比某人试图将自家土地上产生的污水通过阴沟排放到邻家土地上一样。在此人没有获得排污权之前，邻居可以封堵排污阴沟，而不用承担为此产生的责任。无疑，这会对产生污水的土地所有者带来极大不便。但是，邻居的行为是合法的，他不用为实际后果承担责任，因为事实是此人积蓄了污水，却没有采取任何有效措施处理污水。

无论法院作出何种判决，通过双方交易对判决的后续纠正都会得到同样的结果（受堆放木材于别处的成本、加高烟囱的成本等影响）；由于我已经在对牛群的例子和前面的两个案例的分析中充分论证过这个观点，在此不再赘述。本案中，我想讨论的是上诉法院法官作出判决的理由，即为何烟尘妨害不是由竖起高墙的一方，而是由点燃炭火的一方造成的。问题的新奇之处在于，烟尘妨害的受害者是点燃炭火者自身而非第三方。由于处于所论问题的核心②，所以妨害起因的问题不再微不足道。谁造成了烟尘妨害？答案看起来相当清楚。烟尘妨害由竖起高墙者和点燃炭火者共同造成。假若点燃炭火，没有竖起高墙就不会有烟尘妨害；同样，假若竖起高墙，没有点燃炭火也不会有烟尘妨害。火与墙二者去其一，烟尘妨害就会消失。根据边际原理③，显然双方都有责任，

---

① △"原告并不拥有该项法律权利"指的是上文所述的"原告的空气流通权利受制于被告的建造房屋及堆放木材的权利，除此之外他并无其他空气流通的权利"。

② △因为这是法官判决的理由。

③ △"边际原理"（marginal principle）指人们仅通过考虑和计算某一决策的边际成本与边际收益，来达到利润或满足程度等的最大化。一般来说，当某一决策的边际成本等于边际受益时，利润或满足程度等达到最大化。参见：萨缪尔森. 经济学（第18版），萧琛主译[M].北京：人民邮电出版社，2008：156。

并且在决定是否继续进行引起烟尘妨害的行为时，双方都要把生活舒适性的下降作为成本考虑进去。假设存在市场交易的可能性，这在事实上就会发生。① 尽管竖起高墙者在法律上不对妨害承担责任，但是因为点燃炭火者可能愿意支付给竖起高墙者一笔消除烟尘的花销，所以这笔钱就会成为竖起高墙者继续维持高墙耸立和木材堆放的一部分成本。

只有当我们假设墙是既定因素时②，法官"点燃炭火者是烟尘妨害的唯一责任人"的观点才是正确的。这就是法官判决竖起高墙者有权建造高墙的原因。如果烟囱中排出的烟尘损坏了木材，本案就会变得更加有趣，这下就变成了竖起高墙者遭受损害。那么这个案子就会变得和斯特奇斯诉布里奇曼案类似了，并且就算是在木材所有者竖起高墙之前不会有木材损坏发生，点燃炭火者无疑也要为随后发生的木材损坏负责。

法官必须就法律责任做出判定③，但对于其中经济问题的本质④，经济学家不应该产生迷惑。在牛和谷物的案例中，毫无疑问，没有牛就不会有谷物损失。同样毫无疑问，没有谷物也不会有谷物损失。如果糖果制造商不开动他的机器，医生的工作就不会受到干扰；但是如果医生不在那个特定位置建造诊室，机器也不会干扰到他的工作。椰棕垫由于硫酸铵生产商排放的气体变黑；但是如果椰棕垫生产商没有在特定位置悬挂他的垫子，并且使用那种特定漂白剂，损害就不会发生。⑤ 如果我们一定要根据因果关系讨论问题，那么双方都造成了损害。如果我们要

---

① △意思是边际原理就会起作用。若市场交易成本为零，那么市场交易的结果会使双方联合的边际收益与边际成本相等，达到整个社会资源最优配置或产值最大化。

② △"假设墙是既定因素"（assume that the wall is the given factor）的意思是，假设本案中竖起高墙者有权建造任何高度的墙。

③ △如果当事双方出现权利或责任纠纷，那么法官必须判定谁拥有权利或谁承担责任。

④ △"经济问题的本质"（nature of the economic problem）是要做出产值最大化或其对偶形式成本最小化的决策。资源最优配置就是满足产值最大化或成本最小化的配置。这时的产值是联合产值，成本是联合成本。

⑤ △以上几点再次说明了有害影响问题的相互性。

实现资源配置最优化的目标，那么在决定行动方案时，双方因此都应该把有害影响（即妨害）考虑进去。① 如前所述，有害影响导致的产值下降是双方的共同成本②，这是完美运行的价格机制③的一个美妙之处。④

贝斯诉格里高利案（Bass v. Gregory⑤）可以作为这个问题⑥的最后一个极好例证。原告是一所名为快乐钓夫的酒馆所有者及租用者⑦。被告是毗邻快乐钓夫酒馆的几间房舍和一个庭院的所有者。酒馆下面有一个挖凿于岩石中的酒窖。一个孔洞或风井被开凿出来，贯通了酒窖和位于被告庭院中的一口旧井。因此，这口旧井就成了酒窖的通风井。酒窖"在酿造过程中被用作特定目的，如果没有通风，那么酿造过程将无法进行。"诉讼起因在于被告从井口处挪动了一块栅栏，"为了停止或阻碍空气的自由流通，使之不能从酒窖上升到井口排出……"被告这么做的原因在此案的记录中并不明确。可能是"被酿造过程污染，并通过井口排放在外的空气"让他感到讨厌。无论如何，他想要让庭院中的旧井不再排放废气。法院首先要判定的是，酒馆所有者是否拥有空气流通的法律权利。如果他们的确拥有这种权利，此案就将有别于布莱恩特诉勒菲弗案（已分析过）。然而，这并没有困难。⑧ 本案中，空气流通被限制在"一个完全确定的通道"中。而在布莱恩特诉勒菲弗案中，涉及

---

①　△即运用边际原理。

②　△"共同成本"（a cost for both parties）也可以说是一种"联合成本"（joint cost）。

③　△"完美运行的价格机制"（smoothly operating pricing system）即交易成本为零时的价格机制。

④　△例如前面牛群损毁谷物的案例。假设养牛者对损毁谷物负责，农场主耕种土地获得的净收入为2美元，养牛者的最优牛群规模为2头，造成的谷物损毁是3美元。这个时候，谷物产值下降为3美元。如果没有价格机制，或者说不允许市场交易，那么这3美元就成为养牛者一方要承担的成本。如果价格机制完美运行（无交易成本），那么这3美元就成为双方的共同成本。双方可以通过市场交易来降低成本，实现成本最小化。如果养牛者补偿农场主2.5美元让其停止耕种，那么双方最小化的成本就是2美元（谷物下降的产值）。联合成本最小化的结果也是联合产值最大化。

⑤　*25 Q. B. D. 481（1890）. △Q. B. D. 是"Queen's Bench Division"的缩写，是英国高等法院的王座分庭，行使此前王座法院原有的司法管辖权。Bass v. Gregory 案是该法院于1890年判决的案件，收编于该法院当年的第25卷案例汇编，起始于第481页。

⑥　△"这个问题"（the problem）指有害影响问题。

⑦　△本案中原告有两个人，一个是酒馆所有者，一个是酒馆租用者。

⑧　△指判定酒馆所有者拥有空气流通的法律权利没有困难。

的是"所有人共同的一般空气流通①"。因此，法官认为酒馆所有者拥有空气流通的权利，而布莱恩特诉勒菲弗案中的私有房屋拥有者②不具有该权利。某个经济学家可能不由得想说："可是空气的流动都是一样的啊。"③ 不过，这个阶段的论证仅仅是要证明能够存在这样的法律权利，而不是酒馆所有者拥有这样的法律权利。④ 但证据表明，贯通酒窖和旧井的风道已经存在了超过四十年，并且排出的空气带有酿造过程的难闻气味，所以庭院主人必定早已知晓旧井被用作排风通道。于是，法官依据"默认授权原则"⑤ 判决酒馆所有者拥有这种权利。该原则认为："如果可以证明某项法律权利已经存在并被行使了很多年，那么法律就应该推断这项权利有合法起源。"⑥ 因此，房舍和庭院的所有者不得阻止井口通风，还得继续忍受难闻气味。

法院在判定法律权利时所采用的推理过程在经济学家看来通常是奇

---

① △"所有人共同的一般空气流通"（the general current of air common to all mankind）是指任何人都可以利用的空气流通，强调在法律没有判定之前，任何人都可以有权利用。在贝斯诉格里高利案中，之所以强调空气流通被限制在"一个完全确定的通道"，是为了强调原告已经超过 40 年利用这种空气流通，可以说是法院为了应用"默认授权原则"的一个借口。

② △"私有房屋拥有者"（owner of private house）指点燃炭火者，即原告。

③ △"可是空气的流动都是一样的啊"（but the air moved all the same）意思是说，从物理属性来讲，两案中的空气流动毫无差别。

④ △必须首先从法律上确定可以存在这样的权利，然后才能决定酒馆所有者是否拥有这样的权利。比如普通的自由流动的空气，法律上并不存在拥有这种空气的权利，所以也就不会有某人是否拥有这样权利的问题。

⑤ △"默认授权原则"（doctrine of lost grant）中的"默认授权"（lost grant），又被译作"权利转让契据遗失"。这是一种法律拟制。在英格兰早期，地役权人主张地役权（easement）时，必须证明该权利系由权利转让契据所创设，或者其自人类无可记忆（immemorial）的时代起即享有该权利。但是，1623 年《诉讼时效法》（Limitation Act）规定以占有土地 20 年作为提起诉讼的时效期限，此后，法院采用 20 年期限作为地役权产生的充分的时效条件，其假设是：曾有一份地役权创设所需的权利转让契据，但已遗失。在 1832 年《时效法》（Prescription Act）以后，该种权利转让契据遗失的假设已不具有重要意义，但它仍是地役权取得方法之一。参见：薛波主编. 元照英美法词典 [M]. 北京：法律出版社，2003：873。

⑥ *可能有人会问，在糖果制造商案中，他使用那台研磨机已经超过了 60 年，为什么不能应用默认授权原则？答案是，直到医生在他花园的尽头建立诊室之前，并不存在妨害。所以，这个妨害（△指糖果制造商对医生的妨害）并没有持续很多年。糖果制造商的确在他的陈述中提及，"大概三十年前，一位残疾女士曾经在这里住过"，"她请求他如果可能的话，不要在早上八点之前使用研磨机"，并且有证据表明花园的墙一直受到震动的影响。不过，法院毫不费力地驳倒了这条论证："就算这震动一直存在，它也是很轻微的，而且就算残疾女士的抱怨可以称之为抱怨，它也是微不足道的，所以……无论是在普通法上还是在衡平法上，被告所为都不会招致任何诉讼"（11 Ch. D. 863）。这就是说，在医生建立他的诊室之前，糖果制造商并没有造成某种妨害。

怪的①，因为对于经济学家而言，法院赖以作出判决的诸多因素都无关紧要②。正因为如此，从经济学的视角而言，完全相同的情形可能会被法院作出完全不同的判决。③ 所有有害影响案例中的经济问题都是如何使产值最大化。④ 在贝斯诉格里高利案中，通过井口吸入的新鲜空气有利于啤酒的生产，但通过井口排出的污秽空气使毗邻房屋内居民的生活不那么舒适。经济问题是决定何种选择：是选择更低成本的啤酒且降低毗邻房屋的舒适性，还是选择更高成本的啤酒且提高毗邻房屋的舒适性。⑤ 对于这个问题的判决，"默认授权原则"无疑相当于法官的有色眼镜。但是需要记住的是，法院直接面对的不是谁应该做什么的问题，而是谁有合法权利去做什么的问题。⑥ 不过，市场交易总是有可能纠正法律对权利的初始界定。⑦ 当然，如果这样的市场交易无需成本，只要它能够带来产值的提高，那么这种权利的重新配置总会发生。⑧

---

　　① 　△权利的法律逻辑和经济逻辑看来有所不同，前者在于获取权利的正义性，后者在于权利配置的效率性。
　　② 　△"无关紧要"（irrelevant）的意思是对资源配置效率无关紧要。
　　③ 　△比如在贝斯诉格里高利案中，如果旧井一开始被用作酿酒的通风井，庭院主人就提起诉讼，那么结果可能就完全不同。所以"完全相同的情形可能会被法院作出完全不同的判决"。
　　④ 　△经济问题的解决以效率为目标。在福利经济学中，效率表现为产值最大化，或经济福利最大化，或国民收入最大化。
　　⑤ 　△问题的相互性。
　　⑥ 　△"谁应该做什么"（what should be done by whom）的问题是经济问题，"谁有合法权利做什么"（who has the legal right to do what）的问题是法律问题。经济问题的解决以效率为原则，法律问题的解决以正义为原则。不过，正义和效率往往相向而行，正义的也是有效率的，有效率的也是正义的。其实，"默认授权原则"背后也体现了经济学的效率逻辑。参见：陈国富.用效率诠释正义［J］.读书，2001（5）：68-71。
　　⑦ 　△假如法律机制初始界定的权利不符合效率的要求，并且市场交易成本低于交易剩余，那么通过自发的市场机制就可以纠正这种无效率的法律界定，不过要付出交易成本的损耗。但是，如果交易成本大于合作剩余，市场机制就无法再纠正法律机制对权利的初始无效界定。
　　⑧ 　△科斯定理或科斯第一定理的必然结果。

第六章
存在市场交易成本时的分析[①]

前述分析建立在不存在市场交易成本的假设之上（第三、第四章是明确假设，第五章是默认假设）。显然，这种假设非常不符合实际。为了进行市场交易，人们有必要发现谁愿意进行交易，告诉其交易意愿和交易条件，与之进行谈判以达成协定，以及签订契约，执行必要的监督以确保契约条款得到遵守，等等。这些交易操作通常具有极高的成本[②]，必定会阻碍许多交易得以实现；而在价格机制没有成本的情况下，这些交易就能够得到实现。

在前述章节中，当处理市场重新配置法律权利的问题时，我认为只要这种重新配置可以提高产值，市场就会完成这种重新配置。[③] 不过，为此必须假设不存在市场交易成本。一旦把实现市场交易的成本考虑进去，显然，只有当市场重新配置权利所增加的产值大于所需要的成本

---

① △本文前面的所有分析都假定不存在市场交易成本，得出了科斯定理或科斯第一定理的结论，即市场交易成本为零时，产权的初始配置不影响最终有效配置。本章分析存在市场交易成本和权利既定的真实世界中，如何选择制度（市场、厂商、政府、无为）来解决权利转移或资源配置问题，从而实现产值最大化。有害影响问题从本质上来说是权利转移或资源配置问题。

② △即市场交易成本。

③ △即科斯定理或科斯第一定理。

时，这种重新配置才会得到实现。① 反之，如果市场重新配置权利所增加的产值小于为此所需要的成本，法院授予禁令救济或赔偿救济就会终止这种重新配置，而这种重新配置在市场交易没有成本的情况下一定能够实现。在这些情况下，法律权利的初始界定确实会影响经济制度的运行效率。② 权利的某种配置可能会比任何其他配置带来更高的产值。不过，除非这种权利配置由法律制度确立，否则，由于只通过市场来改变和重组权利以实现相同配置的成本太高，这种权利的最优配置以及更大的产值就永远不可能实现。界定法律权利过程中的经济学思考将在下一章中进行探讨。在本章中，我将把权利的初始界定和进行市场交易的成本视为既定。

显然，如果某种可替代市场的经济组织能够以比市场更低的成本实现同样的结果，采用这种经济组织就会提高产值。就像我在许多年前所解释的那样，企业就代表这样一种可以替代市场交易并组织生产的经济组织形式。③ 在企业内部，各种相互协作的生产要素之间的单独交易不复存在了，行政决策取代了市场交易。于是，无需生产要素的所有者之间达成交易，生产要素的重新配置就能够完成。拥有大片土地的地主在把他的土地投入到各种用途的时候，必定会考虑到各种生产活动之间的相互关系对土地净产值产生的影响，于是各种生产活动之间的协商谈判就不会存在。④ 一幢大楼或者某个给定区域内几处毗邻地产的所有者可

---

① △当交易剩余大于交易成本时，交易才会实现。

② △即科斯第二定理。科斯第二定理通常被称为科斯第一定理的反定理，在交易成本大于零的世界里，不同的权利界定，会带来不同效率的资源配置。科斯第二定理是产权理论的核心部分，其权利安排即制度形式与资源配置直接对应了起来，使人们认识到权利的初始界定与经济运行效率之间存在的内在联系。推而广之，不同的产权制度和法律制度，会导致不同的资源配置效率，产权制度是决定经济效率的重要内生变量。科斯第二定理的两个合理推论：第一，在选择把全部可交易权利界定给一方或者另一方时，政府应该把权利界定给最终导致社会福利最大化，或者社会福利损失最小化的一方；第二，一旦初始权利得以界定，仍然有可能通过产权交易来提高社会福利（帕累托改进）。参见：约瑟夫·费尔德，李政军. 科斯定理 1－2－3 [J]. 经济社会体制比较，2002（5）：72－29。

③ ＊See Coase, The Nature of the Firm, 4 Economica, New Series, 386 (1937). Reprinted in Readings in Price Theory, 331 (1952).

④ △有害影响或外部性的内部化。

能会采取同样的处理方式。实际上，用我们早先的术语①来说，企业将会取得所有参与者②的法律权利，并且生产活动的重新安排不是通过契约重新安排权利来实现，而是通过行政决策以决定权利应该如何行使来实现。

当然，不能由此断定通过企业组织交易的行政成本一定低于为其替代的市场交易成本。不过，如果签订契约非常困难、如果在契约中书写各方的利益诉求（例如，可不可以产生某种噪声或气味，以及数量大小如何）必需一个冗长繁杂的文本，并且人们想订立一个尽可能长期的契约③；那么，在许多解决有害影响问题的场合下，采用建立企业或扩大现有企业生产规模的方式也就不足为奇了。④ 只要企业的行政成本小于为其替代的市场交易成本，并且重新安排生产活动带来的收益大于企业组织这些生产活动的成本，这种解决办法⑤就会被接受。我不必再仔细分析这种解决办法的特点，因为我在我先前的文章中已经对此进行了说明。

但是企业并不是解决这个问题⑥的唯一可能答案。企业组织交易的行政成本可能也会很高；当一个企业组织许多不同的生产活动时，情况尤为如此。在烟尘妨害这种典型案例中，由于烟尘会影响到许多从事各种各样生产活动的人，所以由单个企业来解决这种妨害问题可能会给企业带来高昂的行政成本，导致这种尝试不可能实现。一个替代办法是政府的直接管制。与建立可由市场交易来调整权利的法律制度不同，政府可以诉诸管制，规定人们必须做什么或不得做什么，以及必须服从哪些

---

① △"早先的术语"（earlier terminology）是指《企业的性质》（1937）一文中所用的术语。

② △"所有参与者"（all parties）是指参与企业生产的所有生产要素。

③ ＊原因参见我之前的论文：Readings in Price Theory, n. 14 at 337.

④ △此处原文是："it would be hardly surprising if the emergence of a firm or the extension of the activities of an existing firm was not the solution adopted on many occasions to deal with the problem of harmful effects"。译者认为，科斯在此应有笔误。根据上下文和科斯 1937 年所写的《企业的性质》一文，"not"一词应该去掉。

⑤ △"这种解决办法"（this solution）指用企业替代市场来组织生产。

⑥ △"这个问题"（this problem）指有害影响问题。

规定。因此，政府（通过法令，或者也许更可能通过行政机关）在处理烟尘妨害问题时，可以强制规定使用或不得使用某种特定的生产方法（例如，必须安装除尘设施，或者禁止燃烧煤炭或石油），或者将特定行业限制到特定区域（分区管制①）。

　　从某种意义上来说，政府是一个"超级企业"（但非常特殊），因为它可以通过行政命令支配使用生产要素。不过，普通企业在经营中受到制约，因为其他竞争企业可能会以更低的成本组织同样的生产活动，还因为当行政成本②太高时，市场就可能替代企业组织同样的生产活动。③ 如果政府愿意，它就能够完全避开市场，而企业却做不到。企业必须与它使用的生产要素的所有者达成市场协议。而政府可以强制规定生产要素必须以某种方式使用，就像它可以强制征兵或征收不动产一样。这种专制做法可以省去很多麻烦（对组织者而言）。此外，政府还可以依靠警察和其他执法机构来确保其管制措施得到实施。

　　显然，与私人组织（或者至少是不拥有政府特殊强制力的组织）相比，政府具有强制力④，这让它可能以更低的成本来处理某些事情。不过，政府这台行政机器的运转并非没有成本。实际上，它的运转成本有时极其高昂。此外，我们没有理由相信，在遭受政治压力和缺乏竞争制约的情况下，一个易犯错误的政府实行限制管制和分区管制⑤的结果总是能够提高经济制度的运行效率。再者，这种必定涉及广泛情况的一般管制，有时会被强行用在一些明显不适合的情况中。⑥ 由此，与通过

----

　　① △"分区管制"（zoning regulations）可分为两类：一是规范特定分区内建筑物高度或凸出结构的法规，换言之，即与建筑物的结构和建筑设计相关的法规；二是规定特定分区内这些建筑物用途的法规。在美国，这两类法规形式都已得到美国最高法院的认可。参见：薛波（主编）. 元照英美法词典. 北京：法律出版社 . 2003：1434。

　　② △"行政成本"（administrative cost）指企业的管理成本。

　　③ △例如公司将一些产品的生产外包出去。

　　④ △根据西方的政治哲学，政府一般拥有三种强制性的内在权力：征税权、管制权（或警察权、治安权）和征收权。这些权力的行使都以暴力机构为后盾。

　　⑤ △"限制管制和分区管制"（restrictive and zoning regulations），前者如必须使用某种防尘设施等，后者如设立居住区、商业区等。

　　⑥ △一刀切的管制措施，可能在一些具体情况下不一定适用，从而降低经济效率。但如果因政策过度细化而导致运行成本高昂的话，一刀切的政策在总体上未必没有效率。

市场或企业来解决问题相比，直接政府管制的结果未必更好。但同样没有理由说，这种政府管制不会带来经济效率的提高。例如常见的烟尘妨害问题，由于涉及人数众多，通过市场或企业来解决问题的成本可能会很高，因此由政府直接管制来解决问题尤为可能。

当然，还有最后一种选择，就是对问题不做任何处理。假定由政府行政机器实行管制来解决问题的成本很高（尤其当这种成本被看作是包含政府实行管制而产生的所有后果时），无疑在这种情况下，由政府管制那些有害影响行为所带来的收益往往就会小于政府管制成本。

本章（存在市场交易成本时的分析）对有害影响问题的讨论很不充分。但这至少让我们明白，解决有害影响问题在于选择合适的社会安排①。所有解决方案都有成本②，并且没有理由认为，采用政府管制的原因仅仅在于市场或企业不能很好地解决问题。实际上，令人满意的政策观点只能来源于细致的研究，从而发现市场、企业和政府实际上是如何处理有害影响问题的。③ 经济学家需要研究牵线搭桥的经纪人的工作、限制性协议④的有效性、大规模房地产开发公司的问题、政府分区管制和其他管制措施的实施等。我相信，经济学家和政策制定者通常都会高估政府管制的优点。不过，即便这种观点被证明合理，也不比建议削减政府管制的观点更有价值，因为它并没有告诉我们边界在何处。⑤ 在我看来，正确的结论必定来自对不同方式处理问题的实际结果的详细

---

① △社会安排（social arrangement）即各种制度或生产的制度结构。
② △这里的"成本"指各种制度成本，或广义的交易成本。
③ △这就是科斯的治学思想：研究真实世界中的经济制度（economic system）。参见：王宁，罗君丽. 论科斯经济学 [J]. 经济学动态，2014（1）：98－119。
④ △限制性协议（restrictive covenant）。一是指契据中关于限制使用财产的规定。一般指在让与人和受让人签订的合同中限制受让人对土地的使用和占用，通过保护生态环境和控制周边土地的使用，使土地保值或增值。二是指合伙合同或雇用合同中的条款，约定在合同期满后的一定期间和一定地域范围内，合同当事人一方不得从事同类的工作。凡属合理的限制，在法律上有效。参见：薛波（主编）. 元照英美法词典 [M]. 北京：法律出版社，2003：1192。
⑤ △似乎自庇古创立福利经济学以来，政府与市场的边界问题就是一个争论不休的话题。科斯这句话的意思就是说，不能高估政府管制的优点，也不能说政府管制一无是处。

研究。① 但是，如果这种研究建立在错误的经济分析②之上，那么结论可能会不正确。本文的目的就在于说明应该采用什么样的经济方法来分析问题。③

---

① △要"具体问题具体分析"，比较各种方法带来的收益与成本，才能确定在某个特殊问题上应该采取市场的解决方法、企业的解决方法、政府的解决方法还是什么都不做的解决方法。"正确的结论"指能使产值最大化的处理方法或制度选择。

② △"错误的经济分析"（a faulty economic analysis）指庇古的经济分析。

③ △科斯在此处明确提出本文的写作目的：批判庇古对有害影响的经济分析方法，提出自己认为正确的经济分析方法。

▪第七章▪
权利的法律界定和经济问题^①

　　第五章的分析不仅阐明了我的论点^②，而且也让大家一瞥解决有害影响问题的法律途径。虽然其中所举案例全部来自英国，但是来自美国的相似案例也很容易找到，并且其分析逻辑也完全相同。当然，如果市场交易无需成本，唯一要做的重要事情（不考虑公平问题）就是明确界定各方的权利，并且很容易预测这种法律界定的最终结果。^③ 但诚如所见，当市场交易成本过高，从而很难改变法律对权利的初始安排时，情况就会完全不同。对于此类案件，法院判决直接影响经济活动。^④ 因此，法院最好明白它们的判决产生的经济后果，并且只要不会给法律本身带来太多的不确定性，就应该在做出判决时把这些经济后果考虑进去。即便有可能通过市场交易改变权利的法律界定，显然，减少这种交

---

① △本章分析在真实世界中，法律如何通过界定权利来解决有害影响（妨害）问题。科斯认为，法院（普通法）对妨害案件作出权利界定的判决，其实就是对经济问题作出判决，是对资源如何配置作出判决，而法院通常意识到了这点。另外，权利界定也是制定法的结果，经济学家认为政府应当采取正确行为的那种情况，实际上常常是政府行为的结果。此章其实就是妨害法的经济分析。

② △即科斯定理或科斯第一定理。

③ △权利的最终配置会实现产值最大化。

④ △"经济活动"（economic activity）指对总产值产生影响的资源或权利配置活动。

易从而减少实现交易需要耗费的资源也是值得的。①

　　尽管详细研究法院判决此类案件时所持的立场很有趣，但我一直没能这么做。不过，粗略的研究也清楚地表明，法院通常知道判决的经济后果，并能意识到问题②的相互性（很多经济学家都意识不到这点）。此外，法院在做出判决时，也常常会把这些经济后果与其他因素一起考虑进去。在这方面③，美国学者比英国学者以更直接的方式指出了这个问题④。因此，某人可以（引自《普罗瑟论侵权法》⑤）

　　以对邻居的损害为代价使用自己的土地或……处理自己的事务。只要把令他人不适的噪声和烟尘控制在合理的限度以内，他就可以运行一家工厂。他的行为仅当其效用和由此产生的损害⑥不合理时才会构成妨害……正如一个小镇中关于蜡烛制造的古老案例所言："选择的效用为臭味的不适辩解。"⑦

　　世界上必须要有制造厂、冶炼厂、炼油厂、吵闹的机器和爆炸声，就算这些会对邻近地区的居民带来一些不舒适，法院也应要求原告为了

---

　　①　△即约瑟夫·费尔德所说的科斯第三定理：当存在交易成本时，通过明确配置已界定权利所实现的福利改善可能优于通过交易实现的福利改善。参见：约瑟夫·费尔德，李政军.科斯定理1-2-3.经济社会体制比较，2002（5）：72-29。

　　②　△"问题"（problem）指有害影响问题。

　　③　△"在这方面"（on this subject）中的"这方面"指有害影响问题或妨害问题。

　　④　△"这个问题"（the question）指"法院通常知道判决的经济后果，并能意识到问题（problem）的相互性"。

　　⑤　△《普罗瑟论侵权法》（Prosser on Torts）是已故加州大学伯克利分校法学院主任普罗瑟（William Prosser，1898~1972）出版的著作，被认为是侵权法领域的一部划时代作品，有数个版本。这部著作现在仍被广泛使用，现在的版本为《普罗瑟和基顿论侵权法》（Prosser and Keeton on Torts）（第五版）。

　　⑥　△"当其效用和由此产生的损害"的英文是"in the light of its utility and the harm which results"，科斯原文中用斜体字着重指出。"效用"（utility）可以理解为这种行为给工厂主带来的净产值，"损害"可以理解为这种行为对他人造成的产值下降。

　　⑦　△"选择的效用为臭味的不适辩解"的原文"Le utility del chose excusera le noisomeness del stink"是一句混杂了英语、法语和西班牙语的英国中古法律文书句子，对应的现代英语是"The utility of the choice apologized the noisomeness of the stink"。意思是，蜡烛生产过程虽然产生了臭味，但生产的蜡烛带来的好处超过了臭味带来的坏处。

公共利益而忍受这些合理的不舒适。①

英国学者普遍都没能如此直白地说出"比较生产的效用与带来的损害是确定有害影响是否构成妨害的一个基本因素"。不过,尽管没有明确表达,也可以找到他们的类似观点。② 只有严重的有害影响才会被法院判定为妨害,这个原则无疑在某种程度上反映了这样的事实,即有得必有失③。并且从一些个案的庭审报告来看,显然法官了解法院给予的禁令救济或赔偿救济的得失。因此,在拒绝阻止妨碍视野的新建筑时,法官指出:

据我所知,没有一条普通法的一般规则④……宣称,建筑阻挡别人的视野就是一种妨害。如果是那样的话,就不会有大城镇存在;我也必须对这个城镇中的所有新建筑给予禁令……⑤

在韦布诉伯德(Webb v. Bird)⑥案中,一所靠近风力磨坊修建的学校阻挡了空气的流通且妨碍了磨坊的运转,法官认为这并不属于妨害。一个早期案例的判决看起来与此完全相反。盖尔(Gale)评论称:

---

① ＊参见：W. L. Prosser, The Law of Torts 398－399, 412 (2d ed. 1955)。所引关于蜡烛制造的古老案例来自：Sir James Fitzjames Stephen, A General View of the Criminal Law of England 106 (1980)。不过,他并没有给出案例来源。他也许知道案例 Rex. V. Ronkett, 其来自：Seavey, Keeton and Thurston, Cases on Torts 604 (1950)。普罗瑟表达的相似观点可以参考：F. V. Harper and F. James, The Law of Torts 67－74 (1956); Restatement, Torts §§ 826, 827 and 828。

② ＊参见：Winfield on Torts 541－548 (6th ed. T. E. Lewis 1954); Salmond on the Law of Torts 181－190 (12th ed. R. F. V. Heuston 1957); H. Street, The Law of Torts 221－229 (1959)。

③ △做任何决策都必定有成本(机会成本),是一个取舍问题。

④ △"一般规则"(general rule)指适用范围广的规则。就本句来说,一般规则指适用于所有建筑阻当视野情况的规则。当然,法官认为这里的一般规则不存在。

⑤ ＊Attorney General v. Doughty, 2 Ves. Sen. 453, 28 Eng. Rep. 290 (Ch. 1752)。关于这一点,请与一个美国法官的陈述比较〔引自：Prosser, op. Cit. Supra n. 16 at 413 n. 54〕："如果不允许烟尘存在的话,匹兹堡到现在还会是一个美丽的乡村," Musmanno, J., in Versailles Borough v. McKeesport Coal & Coke Co., 1935, 83 Ptts. Leg. J. 379, 385。

⑥ ＊10 C. B. (N. S.) 268, 142 Eng. Rep. 445 (1861); 13 C. B. (N. S.) 841, 143 Eng. Rep. 332 (1863)。

伦敦的旧地图显示，一排风车磨坊分布于城市北部的高地上。大概在詹姆士国王时期，在紧挨风车磨坊的地方建房是要受到警告的，因为这样会阻碍风吹向风车的翼板，从而影响城市的食物供给。[1]

在第五章讨论的斯特奇斯诉布里奇曼案中，法官们显然考虑到了不同判决的经济后果。有人认为，如果按照逻辑推论来贯彻本案判决所遵循的法律原则[2]，这

将会导致非常严重的麻烦事情；因为某人可以进入伯曼德塞（Bermondsey）的制革厂区，或者进入任何产生噪声或臭味的特定贸易或生产区域，通过在空地上修建住宅，就能够完全阻止里面的贸易或生产。

对此，法官反驳说：

判定任何事件是否构成妨害，不是仅靠对其本身的抽象思考，更要顾及实际情况。在贝尔格雷夫广场（Belgrave Square）上构成妨害的事件，在伯曼德塞（Bermondsey）就不一定。贸易商或制造商在某区域以某种特定的方式从事贸易或生产活动，如果法官和陪审团判定这些活动不构成公共妨害，那么他们就有理由且一定会找到证据证明，这些贸易或生产活动并非个人或者可起诉的过错行为。[3]

判定某事是否构成妨害与周边地区的特征有关，这种原则至此确立。[4]

---

① ＊参见：Gale on Easements 238，n. 6（13th ed. M. Bowles 1959）。
② △参见第五章的注释。
③ ＊11 Ch. D. 865（1879）.
④ △英美判例会确立某种法律原则，这种法律原则为以后判决类似案件时所遵循或援引。

讨厌交通噪声的人不要在大城市中心建造寓所。喜爱平和宁静的人不要在生产锅炉与蒸汽船的地方生活。①

以上出现的情况②属于"法定的规划与分区制"的范畴③。当然，有时候在应用原则④时会存在很多困难。⑤

一个有趣的例子来自亚当斯诉厄塞尔（Adams v. Ursell⑥）案。该案中，工人阶级占多数的社区内有一家炸鱼店，但它却靠近一个"身份较高的人"的住所。炸鱼薯条⑦之于英格兰不可或缺，所以此案显然高度重要。

法官评论道：

有人竭力主张，禁令会对被告和店中就餐的穷人带来极大困难。不过，答案并非如此。因为，这并不意味着，被告不能在附近其他地方找到一个更合适的经营场所；这也绝不意味着，如果炸鱼店在一个地方构成妨害，它在另一个地方也会构成妨害。

事实上，限制厄塞尔先生经营炸鱼店的禁令甚至没有延伸到整条街道。⑧ 所以他可以将炸鱼店迁到一个"身份较低的人"的住所附近继续经营，那里的居民无疑会认为得到炸鱼薯条的便利要超过弥漫的气味和

---

① ＊Salmond on the Law of Torts 182（12th ed. R. F. V. Heuston 1957）.

② △"以上出现的情况"（what has emerged）指法律不支持某些特定地区内的事件构成妨害的情况。

③ ＊C. M. Haar, Land－Use Planning, A Casebook on the Use, Misuse, and Re-use of Urban Land 95（1959）.

④ △"原则"（Criteria）指上述原则，即"判定某事是否构成妨害与周边地区的特征有关"。

⑤ ＊例如，参见：Rushmer v. Polsue and Alfieri, Ltd.［1906］1 Ch. 234。此案涉及闹市区内一所住宅的安静环境。

⑥ ＊［1913］1 Ch. 269.

⑦ △"炸鱼薯条"（fish-and-chips）之于英国，就如同意大利面之于意大利、鹅肝之于法国一样不可或缺。炸鱼薯条是英国民众最喜欢的食品。

⑧ △意思是他可以在这条街的其他位置开炸鱼店而不受到禁令的影响。

原告生动描述的"烟尘或雾霭"带来的不便。不过，假如附近没有其他"更合适的经营场所"，本案的判决就会变得更加困难，并且结果也可能会不同。"穷人们"吃什么呢？没有一个英国法官会说："让他们吃蛋糕。"①

　　法院并非总是明确指出他们所判案件中的经济问题，不过根据诸如"合理的"（reasonable）或"普通或正常利用"（common or ordinary use）之类的解释语，他们似乎认识到了争议问题的经济含义，尽管这种认识多半是无意识的和不明确的。对此，一个很好的例子来自上诉法院判决的安德雷诉塞尔弗里奇有限公司（Andreae v. Selfridge and Company Ltd.②）案。该案中，一家酒店（位于威格莫尔街）建在一块岛地③的部分土地上。这块岛地的剩余部分归属塞尔弗里奇公司，该公司拆除了其上的旧房以建新房。拆除作业产生了噪声和灰尘，结果造成酒店的客源流失。于是，酒店所有者起诉塞尔弗里奇公司，要求赔偿损失。初级法院判决酒店可获得4500英镑的赔偿。于是，被告提起了上诉。

　　初级法院中支持酒店所有者胜诉的法官这样说：

　　我认为被告在该地进行的第一步操作④并不是对土地或房屋的正常（ordinary）利用和占有。在我国，开挖60英尺深的地基，并在其上搭起用铆钉加固的钢架，人们认为这并不是一种常见（usual）或普通（common）的做法……在我国，我认为被告在该地进行的第二步操作⑤也不是对土地的普通（common）或正常（ordinary）利用。也就是说，

────────

　　①　△"让他们吃蛋糕"（Let them eat cake）的意思类似晋惠帝所言"何不食肉糜"，起初表示富人不了解穷人的疾苦，现在表示对穷人的轻佻讽刺。据传，当大臣告知路易十六的妻子玛丽，法国老百姓连面包都没得吃的时候，玛丽天真甜蜜地笑道："那让他们吃蛋糕。"典故的真实性存疑。参见维基百科：Let them eat cake。
　　②　＊［1938］1 Ch. 1.
　　③　△"岛地"（island site）指周围都是道路的地块，参见图6-1安德雷诉塞尔弗里奇有限公司案发生的岛地（四边形内）。
　　④　△"第一步操作"（first operation）指开挖60英尺深的地基等。
　　⑤　△"第二步操作"（second operation）指用气锤拆除房屋。

在被告拆除所有需要拆除的房屋时，其中至少有五六间房屋是使用气锤拆除的。①

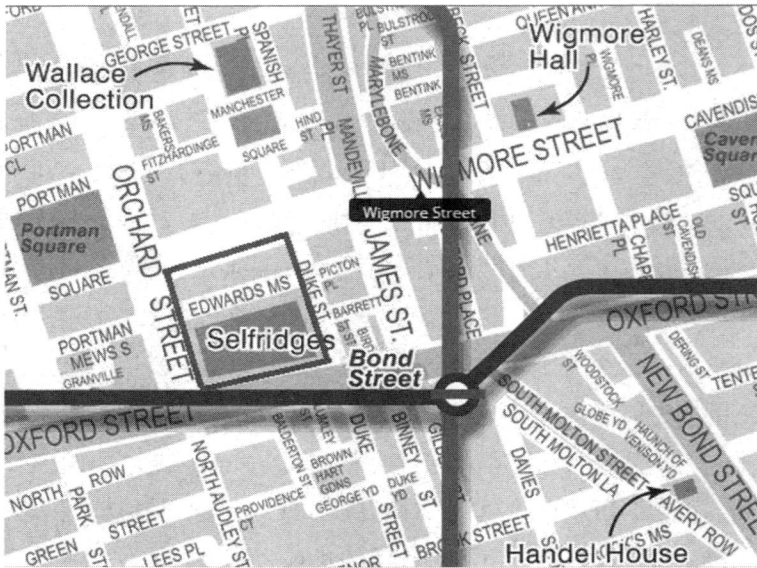

△图 6-1　安德雷诉塞尔弗里奇有限公司案发生的岛地（四边形内）

掌卷法官②威尔弗雷德·格林爵士（Sir Wilfred Greene）在为上诉

---

①　△该法官认为，本来这些房屋可以用噪声更小的方式拆除，然而被告并没有选择这些方式，而是选择了使用噪声比较大的气锤。

②　△"掌卷法官"（M. R.）的英文全称是"Master of the Rolls"。该职位原先起源于督导抄写员抄写御前大臣卷宗的文秘署职员，在中世纪，这一职位又称卷宗主事（Clerk or Curator of the Rolls），是文秘署事务官（Master in Chancery）的首领，并协助御前大臣工作。随着衡平法院司法管辖权的扩展，其事务官的司法职责增加，其中很大一部分就由卷宗主事担当，16世纪中期他有时也被称作副御前大臣（vice-chancellor），并经特别授权可享有某些司法管辖权；17世纪早期他在御前大臣缺席的情况下可以听审某些案件，并成为御前大臣的常任代理。1729年，有法令规定卷宗主事发布的命令应有效，但对此不服可向御前大臣上诉，此后他就正式成为了衡平法院的法官。1833年，其司法管辖权有所扩展，经法令规定，衡平法院法官长年开庭，不服其命令在1851年前可向御前大臣、1851年后向衡平法院上诉庭上诉；他也可以并经常出席衡平法院上诉庭。1875年始，他一直担任上诉法院院长（president of the Court of Appeal），1958年前他还全面负责保管公共档案，1958年后此职责转归御前大臣，但他仍在担负着英格兰衡平法院的档案保管工作。他的另一项职责是接受某人为最高法院事务律师。参见：薛波（主编）. 元照英美法词典 [J]. 北京：法律出版社，2003：899。

法院的判决辩解时，首先指出：

当进行诸如拆除和重建之类的临时作业时，人人都必须忍受一些暂时的不适，因为如果不产生一些噪声和灰尘，这类作业就完全无法进行下去。因此，妨害规则①的适用必须考虑到这种限制条件②。

接着，他提到了先前的判决：

虽然我很尊敬这位博学的法官，但我认为他并没有从正确的角度考虑了这个问题。在我看来，不能认为……被告公司在其作业中所采用的拆除、挖掘和建造方法具有异常性和罕见性，从而让这些方法因不符合我所提及的限制条件而被禁用。我认为，当法律规则提出土地的普通或正常使用要求时，并不意味着土地的使用与建设方法一成不变。随着时间的流逝，新发明或新方法能够使土地更为有效地得到利用，或者掘入地下，或者拔起高楼。从其他角度看，这样做对人类是否有利在此毫不相干；但在建造房屋这件事上，考虑到具体环境和今日发展，采用合理的特定建造方式，挖掘地基到合理的特定深度，将大楼盖到某个合理的特定高度，都是对土地的正常利用……入住酒店的客人都十分挑剔。③光临这座酒店的客人已经习惯于酒店的安静环境，但当他们再来入住时，却发现酒店后面④正在进行拆除和重建作业，他们就很可能认为酒店的特定价值⑤已经不复存在。这对原告来说是一件很不幸的事。不过，假如被告公司的工作并无不妥之处，被告公司在进行拆除与重建作

---

① △"妨害规则"（the rule with regard to interference）可以认为是判决妨害成立的一种法律规则。

② △"这种限制条件"（this qualification）指"如果进行临时作业，人人都必须忍受一些暂时的不适"。

③ △意思是酒店的顾客对酒店周围的环境很敏感。

④ △从地图上看，这座酒店的门口应当对着威格莫尔街，其后（酒店南面）就是塞尔弗里奇有限公司所在地。

⑤ △"特定价值"（particular merit）是指酒店提供的安静舒适的环境。

业时，为了减少扰民，已经采用了所有合理的操作方法和所有合理的预防措施来降低噪声，那么，就算原告的客源因酒店无法提供舒适的环境而全部流失，她①也没有理由抱怨……但是，只要有人声称他们对邻居舒适生活带来的干扰具有合理性，是因为他们的作业正常规范，并且预防措施恰当到位，他们就有确切责任……采取那些合理恰当的预防措施。声称"除非有人抱怨，否则我们会一直这么做下去"的态度是不正确的……他们的责任是采取恰当的预防措施使妨害降至最低。"但这样会使我们的工作比原先的方式进展得更慢，或者会使我们增加一些额外支出"，这么说是没有道理的。所有这些都是常识性和程度大小的问题，并且很明显，为了避免短暂的不便而让人们过度放慢工作或过度增加投入，这是不合理的，因为这会带来过高的成本和过多的麻烦。……本案中，被告公司似乎抱有"继续作业直到有人抱怨"的态度，而且，当他们的利益和邻居舒适性之间真的出现冲突时，他们更看重他们的工作效率，更注重按照他们自己的想法和便利来安排工作。这说明……被告并未履行"采取合理的预防措施和操作方法"的义务……结果导致……原告遭受了可诉讼的妨害；……基于以上那些原则，她有权获得一笔可观而非象征性的赔偿……但在计算这笔钱时……我并不考虑顾客的流失……顾客流失的原因在于被告公司的作业降低了酒店的舒适性……

结果，原告获得的赔偿金从 4500 英镑减少到 1000 英镑。

截至目前，本章的分析只涉及法院对妨害的判决，这是普通法的领域。不过，事关妨害的权利界定也会发生在制定法②的领域。多数经济

---

① △"她"（she）指原告，即酒店店主 Andreae。

② △"制定法"（statutory enactment or statute）。在英美法中，专指由立法机关所制定的法律，表现为正式的法律文件，其制定机关不一定为议会或国会，例如在美国，联邦、州、市或县的立法机关均可制定。该词在使用时专指以立法的形式创设的法律，故与由法院判决所形成的判例法（普通法）相对。

学家似乎认为，政府在该领域①行动的目的是为了通过将普通法中的非妨害行为认定为妨害行为，以此来扩大妨害法的适用范围。无疑，有些法律就有这样的效果，例如《公共卫生法》②。但是，并非所有的政府法律都有这样的效果。在这个领域③，许多立法的效果是为了保护工商企业，使其免受被其行为损害者提出的各种权利要求④的影响。因此，还存在着很多合法妨害⑤。

对此，《霍尔斯伯里英国法律大全》⑥ 一书作了如下总结：

立法机关可以裁定无论如何都应该去做之事，或者批准在特定地点为特定目的进行特定工作，或者有意授予他人可被执行的强制权力，尽管其保留了某些权力行使方式的裁决权，但对于在贯彻法律授权过程中不可避免的妨害或损害，这在普通法上并不构成诉讼。无论引起损害的授权行为是为了公共目的还是私人利益，结果都是如此。议会授权个人所做之事，相当于议会本身所做之事，例如依据贸易委员会的临时规定行事。若无过失，行使法定权力者似乎不应该对其以一种不同的方式行事负责，而这种方式或许将损害降到了最低。

---

①　△"在该领域"（in this field）指涉及妨害问题的领域。

②　△《公共卫生法》（Public Health Act）。英国于1848年首次制定《公共卫生法》，开现代公共卫生立法的先河，1936年的《公共卫生法》对公共卫生的要求作出详细规定，1961年予以部分修改。在美国，许多城市设有负责保持公共卫生的"公共卫生部门"（public health department）或类似机构；在联邦，由"卫生及公众服务部"（Department of Health and Human Services）负责执行公共卫生方面的联邦法律。参见：薛波（主编）. 元照英美法词典. 北京：法律出版社，2003：1116。

③　△"这个领域"（this field）指制定法领域。

④　△"权利要求"（claims），例如赔偿金和禁令等。

⑤　△"合法妨害"（legalized nuisances）。一般情况下，普通法院会对立法机关的制定法持有"司法尊重"（judicial deference）。如果制定法认定某种行为不是妨害，那么法院就会尊重这个认定。这与西方自洛克以来的"代表政府"（representative government）的政治哲学有关。立法机关是由公民选出的维护公民利益的代表组成，所以立法机关的制定法也意味着是为了维护公民利益而设立，故而法院应当尊重。

⑥　△《霍尔斯伯里英国法律大全》（Halsbury's Laws of England）是一部关于英国法律的百科全书。1907年，斯坦利·邦德（Stanley Bond）邀请当时的前大法官霍尔斯伯里伯爵（Lord Chancellor, The Earl of Halsbury）作为全书的主编。从1907年到1917年，共31卷的第一版陆续出版。后续版本修订时，一名卸任的前大法官担任主编的传统一直未变。2008年，共103卷的第五版出版。更多信息参见维基百科：Hlasbury's Laws of England。

以下就是一些对授权行为免责的例子：

个人或组织行使其法定权力时，若无过错，下列情况下的诉讼不会对其不利：水渠、水管、排水沟、运河中流出的水淹没了土地；下水道中排出的臭气；下水道上方路基沉降导致污水溢出；铁路引起的震动与噪声；授权行为引发的火灾；按照法规用最佳净化技术处理后排放到河流中的污水；电车对电话和电报系统的干扰；插入地下的电车电极；授权工程的挖掘作业必然引起的正常烦扰；道路上的隔离栅栏引起的事故损害；马路上散发的沥青气味；道路两旁的边牙或护栏对临街住户带来的不便。[①]

在美国，对于普通法上的妨害行为，立法机关同样可以将其授权为合法妨害，至少无需给予受害者赔偿；只是，立法机关的权力因受宪法制约而在某种程度上更为有限；除此之外，法律立场[②]似乎本质上与英国完全一样。[③] 虽然与英国的情况有些不同，但美国的这种权力仍然存在，并且也能够找到与英国差不多相同的案例。飞机场和飞机运行的相关案例就以一种尖锐的形式提出了这个问题[④]。德尔塔航空公司诉克西案（Delta Air Corporation v. Kersey）和克西诉亚特兰大市案（Kersey v. City of Atlanta）为此提供了一个很好的例子。克西先生购置土地并在其上建造房屋。几年后，亚特兰大市修建了一座机场，紧邻克西先生的房屋。克西先生抱怨说，"在机场修建之前，这曾是块安静、祥和、宜居的土地，但是现在，机场运行产生的灰尘、噪声和飞机低空飞行让他的土地不再适宜居住"，案情报告中充满了这些令人苦恼的细节。法官

---

① ＊参见：30 Halsbury, Law of England 690 – 691（3d ed. 1960），Article on Public Authorities and Public Officers.

② △"法律立场"（legal position），这里指的是对待有害影响问题的法律立场。

③ ＊参见：Prosser, op. cit. supra n. 16 at 421; Harper and James, op. cit. supra n. 16 at 86 – 87。△虽然英美同为普通法系，但美国有成文宪法，而英国没有。

④ △指立法机关将普通法认定的妨害行为裁定为合法妨害而产生的问题。

先是引证了一个早期案例——斯拉舍诉亚特兰大市案（Thrasher v. City of Atlanta①），可以发现，亚特兰大市已经获得了机场运营的明确授权②。

由于该特许权，航空业成了一种合法的行业，也成了一种影响公共利益的事业③……所有依法使用（机场）的人都会受到政府特许权的保护，并且对其行为免责。虽然机场可能由于建造和运营而对邻居带来损害，但它本身并不是妨害。④

由于航运是和公共利益相关的合法行业，并且机场建造得到法律授权，所以法官继续引证佐治亚州铁路及银行公司诉马多克斯案（Georgia Railroad and Banking Co. v. Maddox⑤）。该案写道：

如果铁路货运堆场的位置和建设得到了法定权力的批准，并且其建造和运营方式合适，它就不能被判定为妨害。因此，火车头的轰鸣声、车厢的隆隆声、震动、烟尘、煤渣、煤烟等等，这些都是货运堆场正常使用和合理运营的必然结果，并不构成妨害，只不过是特许授权的必要伴生物。

据此，法官判定克西先生所抱怨的噪声和灰尘"可以认为是机场合理运营的伴生物，所以不能说它们构成了妨害"。不过，对低空飞行的抱怨则有不同的结果：

---

①　＊178 Ga. 514；173 S. E. 817.
②　△亚特兰大市议会代表大会于1927年8月23日通过了一个法令，授权亚特兰大市购买土地，建造并运营机场。参见：178 Ga. 514；173 S. E. 817.
③　△根据西方政治哲学，政府颁布法令的目的就是为了公共利益。
④　△指不能获得法院救济的妨害。
⑤　＊116 Ga. 64，42 S. E. 315（1902）.

······难道可以说······以如此低的高度来飞行（距离克西先生的房顶25至50英尺），从而对生命和健康产生了迫切危险······也是机场的必要伴生物吗？我们认为对该问题应持否定答案。没有理由表明，该市不能获得一块（足够大的）土地······从而避免这种低空飞行。① 为了公众的便利，毗邻土地的所有者必须忍受一些噪声与灰尘的不便，这是机场正常合理运营所必需的；但是，如果这种不便并非机场正常建造和合理运营所必需，法律就要优先考虑他们的私人权利。②

当然，这是假定亚特兰大市可以在继续运营机场的同时防止低空飞行。因此，法官补充道：

种种迹象表明，导致低空飞行的条件可以改变。但研究显示，机场继续维持现有的运营条件，可能对实现公共利益更为有利。那么，法院应该拒绝上诉人的禁令请求。

史密斯诉新英格兰航空公司案（Smith v. New England Aircraft Co. ③）是另一起航空案。此案中，法院概述了美国有关妨害合法化的法律。总的来说，这些法律显然与英国法律非常相似：

就治安权④的行使来说，政府立法部门的分内之事就是通过审慎立法来维护公共利益；这些立法须考虑新发明使用过程中出现的问题与风险，并且尽力协调私人权利，缓和利益冲突······类似的问题还有噪声、

---

① △只要机场足够大，就可以避免低空飞行扰民。相当于机场把克西先生的土地买下来，让克西迁到别处生活。
② △如果受到的损害不合理，那么这种损害将被判定为可以获得司法救济的妨害。如由于政府为节省资金把飞机场建设得很小导致飞机低空飞行而带来的危险增加等。
③ ＊270 Mass. 511，523，170 N. E. 385，390（1930）.
④ △"治安权"（police power），又译为"警察权""管制权"，指一个主权国家所享有的，为维持公共安全、公共秩序、公共卫生、公德和社会正义而制定所有必需和正当法律的内在和绝对权力。它是政府所必需的一项基本权力，不能为立法机关所放弃或从政府中转移。

烟雾、震动、灰尘和难闻的气味对土地上空的侵扰；尽管这种侵扰在一定程度上降低了土地的市场价值，但因为其获得了政府立法部门的授权，所以它实际上并不属于土地征收①，因而土地所有者必须承受这种侵扰，并且得不到任何赔偿或补救。立法机关的授权使一些本应是妨害的事情合法化。这些例子包括铁路运行产生的烟雾、震动及噪声对邻近地区造成的损害……；工厂铃声的噪声……；失效了的妨害②……；蒸汽机和锅炉的建造……；下水道、炼油厂和贮存的石脑油排放的难闻气味……

　　大多数经济学家似乎都没有认识到这点。每当夜晚头顶呼啸而过的喷气式飞机（政府授权并且可能由政府运营）令其难以入眠，白天过往的火车产生的噪声和震动（政府授权并且可能由政府运营）令其难以思考（或休息），当地污水处理厂排放的臭气（政府授权并且可能由政府运营）令其难以呼吸，车道被路障封堵（无疑是政府行为）令其难以出行，他们就会变得烦躁不安、精神错乱，抨击私营企业的弊端并要求政府进行管制。

　　尽管多数经济学家似乎对他们面对的处境③存在误解，但是他们渴望停止或消减的这些活动④很可能具有社会合理性。一切问题都在于权衡两种收益，即消除有害影响所产生的收益和让其继续存在所产生的收益。⑤当然，政府的经济行为有可能过分扩张，从而导致对工商企业免

---

　　①　△"土地征收"（condemnation of the property）在美国的常用英文是"eminent domain"。政府征收土地或其他财产必须按照市场价值补偿被征收者。美国联邦宪法第五修正案规定："没有合理补偿，私人财产不能以公共使用的名义被征收"（nor shall private property be taken for public use without just compensation）。但是，如果政府行使治安权（police power），即便对公民财产造成损害，一般情况下也不会对其补偿。

　　②　△"失效了的妨害"（the abatement of nuisances）指通过建筑法规、消防法规、分区制等法定措施来让妨害失效化。虽然法定措施不将这种影响划为妨害，但居民还是要忍受不舒适，只是这些不舒适是他们必须忍受且不能抱怨的。

　　③　△"他们面对的处境"（the character of the situation with which they are dealing）指前一段中所描述的情况。

　　④　△"这些活动"（the activities）指前一段中所描述的那些企业经营活动。

　　⑤　△当然，一种选择的机会成本，就是另一种选择产生的收益。收益最大化和成本最小化的结果是一样的。

受妨害诉讼的保护超过合理限度。① 一方面，政府可能会以仁慈的眼光看待它亲自推进的企业。另一方面，相比私营企业，政府可能会以一种更加愉悦的方式描述公共企业的妨害行为。② 正如上诉法院法官③艾尔弗雷德·丹宁④（Alfred Denning）爵士所言：

……当今社会变革的意义在于，为了实现公共利益，议会不断干预财产权利和契约自由，而过去过于强调它们。

无疑，福利国家⑤很可能导致扩大豁免损害责任的范围，经济学家对此习惯于谴责⑥（虽然他们往往认为这种豁免是一种政府过少干预经济的标志）。例如在英国，地方当局的权力被认为要么是无条件权力（absolute），要么是有条件权力（conditional）。对于无条件权力，地方当局在执行授权时没有自行决定的自由⑦。"无条件权力可谓涵盖了执行权力所导致的所有必然后果，即便这些后果会形成妨害。"⑧ 另一方

---

① △意即政府有可能管得太宽，导致本应可诉的妨害合法化，过度保护了工商企业的利益。

② △这两句话都是为了解释政府可能会过度保护工商企业。

③ △"上诉法院法官"（Lord Justice）。英格兰上诉法院任何一位法官的称谓。在法律书籍中，单独指称一位法官时，一般用简写"L. J."，如"Smith, L. J."，指称多位法官"Lords Justices"时，则用"L. JJ."，如"Smith and Jones, L. JJ."。

④ △艾尔弗雷德·丹宁（Alfred Denning，1899~1999年）是二战后英国最著名的法官和享有世界声誉的法学家之一。由于其在法律方面的突出贡献，在他58岁时，被封为丹宁勋爵（Lord），成为终身贵族。在近60年的法律职业生涯中，他积累了极为丰富的法律实践经验，出版了大量的法学著作，并积极大胆地参与英国战后的法律改革，做出了重大贡献，成为英国战后法律改革史上划时代的人物。

⑤ △"福利国家"（welfare state）。该术语描述了一系列旨在通过国家投资，按照需要并通常是免费地提供诸如健康、教育等基本服务的社会政策。自由主义者经常反对福利国家制度。一般认为，约克郡大主教威廉·坦普尔在其1941年出版的一本书中，最先在英语中使用了福利国家这个术语。参见：邓正来主编. 布莱克维尔政治学百科全书［M］. 北京：中国政法大学出版社，1992：796－798。

⑥ △经济学家多为自由主义者，坚持保护产权和契约自由，所以他们大多反对国家对经济的干预。

⑦ △"自行决定的自由"（discretion）又译为"自由裁量权"。无条件权力意味着只能那样做，没有选择的自由。

⑧ △只要执行了绝对权力，所有可能结果都是合法的，就算达到了妨害的条件也不会被认定为妨害。

面，有条件权力只能以其不构成妨害的方式来执行。①

权力是否有条件决定于立法机关的意图……由于立法机关制定的社会政策可能会因时而变，所以一项权力在某个时期被认定为有条件权力，而在另一个时期，为了推进福利国家政策，又有可能被认定为无条件权力。② 在参考一些关于妨害法的较早案例时，应该记住这点。③

是时候总结一下这冗长的一章了。在处理有害影响行为的时候，我们面对的问题并不只是限制那些带来有害影响的责任人那么简单。必须判定的是，阻止损害所得收益是否高于停止损害行为而造成的其他方面的损失。在一个重新配置由法律制度界定的权利需要成本的世界里④，法院对妨害案件做出判决，其实是对经济问题作出判决，是对资源如何配置做出判决。有证据表明，法院意识到了这点；尽管并非总是很明显，但他们经常会比较阻止有害影响行为的所得与所失。不过，权利的界定也是制定法的结果。⑤ 在此，我们也发现了对问题的相互性进行评价的证据。尽管制定法增加了妨害行为清单，但是它们也使许多普通法下的妨害行为合法化。经济学家认为政府应当采取正确行为的那种情况⑥，实际上常常是政府行为的结果。⑦ 这种政府行为并非总是不明智。真正在危险在于，政府对经济制度的广泛干预可能使那些应该对有害影响负责的人得到保护。⑧

---

① △也就是说，对于有条件权力，如果其执行过程中导致了妨害，那么这种权力就是不合法的。

② △世易时移，变法宜矣。

③ ＊M. B. Cairns, The Law of Tort in Local Government 28－32（1954）.

④ △指存在交易成本的真实世界。

⑤ △普通法（判例法）和制定法都可以界定权利，前者通过法院判决来界定，后者通过立法机关立法来界定。

⑥ △"那种情况"（the kind of situation）指合法妨害的情况。

⑦ △经济学家以为这种情况是政府不作为所致，但实际上这些情况就是政府的意图。

⑧ △政府既不能缺位，也不能越位。科斯在此不是否定政府干预，而是提醒大家政府可能干预得过多，即政府越位。

▪第八章▪
庇古在《福利经济学》中的研究[①]

对本文讨论的问题[②]进行现代经济分析[③]的源头是庇古的《福利经济学》，尤其是此书第二部分，这部分分析社会净产值与私人净产值之间的背离。这种背离的原因是：

某人 A 在为某人 B 提供某种已付款购买的服务过程中，附带也为他人（并非相同服务的生产者[④]）提供了服务或者造成了损害；但是，他既不能从受益方获取付款，也不会对受损方支付赔偿。[⑤]

庇古告诉我们，其《福利经济学》第二部分的目的是：

---

① △本章中，科斯梳理并用自己的理论方法评判了庇古在《福利经济学》中对有害影响问题的研究。科斯认为，庇古并没有清楚了解他所研究问题的性质，他错误地选用了经济分析方法，他提出的解决问题的政策建议并不一定能够实现产值最大化。

② △指有害影响问题。

③ △"现代经济分析"（modern economic analysis）指用庇古的分析方法进行分析。

④ △这种说法将同业竞争造成的影响排除在外部性的范畴之外。例如，联想公司生产计算机排出的废水污染河流让渔民利益受损，这是外部性的范畴；而计算机市场的竞争对戴尔公司造成了损害，这不属于外部性的范畴。

⑤ *A. C. Pigou, The Economics of Welfare 183（4th ed. 1932）。我的引用全部来自第 4 版，不过本文中所分析的观点和例子从 1920 年的第 1 版到 1932 年的第 4 版基本没变。分析的大部分内容（不是全部）在以前的《财富与福利》（1912）一书中已经出现。

　　弄清在现有的法律制度下，自利行为能够在多大程度上以最有利于扩大国民收入的方式配置这个国家的资源；并且弄清如果采取政府干预，会在多大程度上改善这种"自然"趋势。①

　　从这个陈述的第一部分来看，庇古的目的是要找出现有的安排②是否有改进的余地。既然庇古的结论是可以改进，那么人们就期待他接下来说明如何能够实现这些改进。然而，庇古却写下了一段把"自然"趋势与政府干预进行对比的文字，这在某种意义上将当前的安排③与"自然"趋势画上等号，并且暗示实现这些改进要靠政府干预（如果可行的话）。第二编第一章表明，这或许就是庇古的观点。④　庇古在第二编开篇提到了"古典经济学家的乐观追随者"⑤；这些人认为，如果政府不对经济制度进行任何干涉，就能够实现产值最大化，并且经济的安排⑥也是"自然的"。庇古随后说，自利之所以能够增进社会福利，是因为有人类设计的一系列制度使然（庇古的这个观点引自坎南⑦，在我看来，这是基本正确的⑧）。庇古断言：

---

　　①　＊Id. at xxi.
　　②　△"现有的安排"（existing arrangements）指上面的陈述中所说的"现有的法律制度"。
　　③　△"当前的安排"（present arrangements）与"现有的安排"（existing arrangements）都指引用中所说的"现有的法律制度"（existing legal system）。本译者猜测，庇古之所以有这样的想法，可能源于英国的普通法传统，而由判例组成的普通法源于自然法（natural law）或自然正义（natural justice），所以"现有的法律制度"是"自然趋势"。与普通法相对的是制定法，而政府行动（state action）体现制定法的行使。
　　④　＊Id. at 127 – 130.
　　⑤　＊在《财富与福利》（Wealth and Welfare）一书中，庇古把"乐观主义"送给亚当·斯密本人，而非其追随者。庇古在书中提到了"亚当·斯密的高度乐观的理论，就是若需求和供给的环境既定，国民收入'自然'会趋于最大化"。
　　⑥　△"经济的安排"（economic arrangement）指决定经济资源如何配置的制度安排。
　　⑦　△坎南（Edwin Cannan, 1861 – 1935），英国经济学家、适度人口论的奠基者。就学于牛津大学克利夫顿学院和贝利奥尔学院。1879 年起任伦敦大学政治经济学讲师，1907 年升任教授，1927 年退休。他曾于 1902 年、1931 年任英国科学促进会经济组主席，1932～1934 年任英国皇家经济学会会长。
　　⑧　△坎南的原话是："利己主义的活动具有一般性的利益，不是因为在利己主义的个人和全体人的利益之间的自然吻合，而是因为人类的制度是如此安排的，它迫使利己主义朝着它所能发挥有益作用的方向展开。"（the working of self-interest is generally beneficent, not because of some natural coincidence between the self-interest of each and the good of all, but because human institutions are arranged so as to compel self-interest to work in directions in which it will be beneficent.）

不过，即便是最先进的国家，也存在着失灵和缺陷①……许多问题阻碍了社会资源以最有效率的方式得到配置。对这些问题的研究构成了我们当前的主题。……这样做的目的非常实际。这一研究寻求当前可行的，或者最终将变为可行的某些方法，政府可以用它们来理智地控制经济力量的运行以提高经济福利，进而提高全体国民的总福利。②

看来庇古的背后逻辑似乎是：有人③认为不需要政府干预，然而经济制度运转良好正是因为政府干预④，不过经济制度中还存在着缺陷，那么还需要什么样的政府干预呢⑤？

如果这是对庇古立场的正确概括，那么通过考察他给出的关于私人产值与社会产值之间背离的第一个例子，就可以说明其不足之处。

可能……会有一些成本强加给了不直接相关的人们，比如说火车引擎的火花给周边的树木造成的未获赔偿的损毁。投入到任何用途或任何位置的任何数量的资源，在计算其边际增量的社会净产值时，都要把全部影响因素⑥包括在内——其中一些为积极因素，另一些为消极因素。⑦

庇古使用的例子来源于实际生活。在英国，铁路公司通常不必赔偿火车引擎火花造成的火灾损失。结合庇古在第二编第九章中的叙述，我认为庇古的政策建议是：第一，要有政府干预来纠正这种"自然"状

---

① △"失灵和缺陷"（failures and imperfections）指的是自然趋势所决定的市场失灵和缺陷。

② * Pigou, op. cit. supra n. 35 at 129－30. △庇古和科斯对于经济制度运行的目标是一致的，就是总体福利最大化，或者国民收入最大化，或者产值最大化。

③ △指庇古第二编开篇提到的"古典经济学家的乐观追随者"。

④ △庇古和坎南的观点，科斯赞同这种观点。

⑤ △科斯认为这种情况下（外部性发生，也即庇古所谓的"缺陷"情况）政府干预的合理性值得商榷。

⑥ △影响因素中的消极因素是负外部性，积极因素是正外部性。

⑦ * Id. at 134.

况；第二，应该强制铁路公司对火灾损毁的树木进行赔偿。如果这是对庇古立场的正确理解，那么我会反驳：第一个建议是基于对事实的错误理解①，第二个建议并非总是可取。

我们来看一下法律立场。在《霍尔斯伯里英国法律大全》一书中，我们可以在标题"引擎产生的火花"下找到如下内容：

> 如果铁路业者在没有获得明确的法律授权时使用了蒸汽引擎，那么无论是否存在过失，都得为引擎火花造成的火灾负责。不过，铁路业者一般都会获得在铁路上使用蒸汽引擎的法律授权。因此，如果引擎在制造时应用了科学的防火措施，并且铁路业者在使用引擎中不存在过失，那么就普通法来说，他们不会为火花造成的损失负责……在引擎的制造过程中，铁路业者有义务采用所有科学能够提供的发明来避免损害，条件是采用这些发明对他们来说具有合理性，即合理考量了火灾发生的可能性以及采用这些发明的成本与便利性。② 但是，如果某个铁路业者拒绝使用在效率上广为怀疑的某种装置时，那不算是他的过失。

对于这条普遍规则③，1905 年制定的《铁路火灾法》④（1923 年修订）是一个立法例外⑤，该法涉及农用地或农作物。

> 在这样的案件中，经由法律授权而使用引擎的这种事实，并不会改

---

① △决定经济资源如何配置的制度安排本身就是政府的有意为之。或者说，有些所谓的外部性，本身就是政府有意为之的结果。

② △在现有的技术和资源约束条件下，选择对整个社会最有利的方法来避免火灾发生。也就是说，如果要追求经济福利或产值最大化，绝不可能无限制地提高避免火灾发生的成本。

③ △"普遍规则"（general rule）指通常铁路公司不对引擎火花造成的火灾损失负责。

④ △该法的首句即指出了立法的目的，即"一部对铁路引擎的火花和煤灰引起的损害给予补偿的法律"（An Act to give Compensation for Damage by Fires caused by Sparks or Cinders from Railway Engines）。

⑤ △"立法例外"（a statutory exception）的意思是，通常铁路公司对其造成的火灾损害不负责赔偿，但是议会通过的《铁路火灾法》却是一部要求在一些条件下负责赔偿的制定法。

变铁路公司在损害诉讼中所应承担的责任①……不过，这些条款②只适用于不超过 200 英镑（1905 年的法案是 100 英镑）的索赔要求，并且火灾发生的书面报告和索赔意向书要在火灾发生的 7 天之内送达公司，以及不超过 200 英镑索赔金额的损毁细节也要在 21 天之内以书面形式送达公司。

农用地不包括沼泽地和建筑物，农作物不包括那些带来的或堆积的农作物③。我没有详细研究过这个立法例外的议会历史，但是从下议院在 1922 年和 1923 年的辩论中可以看出，设计这个例外可能是为了保护小农的利益。④

让我们回到庇古所举的铁路引擎火花造成周边树木损毁而不赔偿的例子。他大概是想要说明"政府干预如何可能改进'自然'趋势"。如果我们认为庇古的例子指向 1905 年之前的法律立场⑤，或者认为它就是一个随意的例子（他也可以写下"周边楼房"来替代"周边树木"），那么没有赔偿的原因就很清楚，即铁路公司有运行蒸汽引擎的法律授权（该授权使其对火花造成的火灾免责）。这个法律立场确立于 1860 年，事关一个铁路公司引发的火灾烧毁周边树木的奇特案例，⑥ 并且在一个世纪的铁路立法中都没有改变（除了那个例外），就算在国有化时期⑦

---

① △此句意思是即便根据法律授权使用引擎，只要符合本法条件，铁路公司也要对损害负责。此句对应《铁路火灾法》（1905，1923）第一款。

② △"这些条款"（these provisions）指《铁路火灾法》中的条款。

③ ＊参见：31 Halsbury，Laws of England 474–475（3d ed. 1960），此处法律立场概要来自铁路和运河条款，此条款和所有引用都来自此书。△"带来的或堆积的农作物"指将别处收割的农作物带来堆放到铁路两侧。

④ ＊参见：152 H. C. Deb. 2622–63（1922）；161 H. C. Deb. 2935–55（1923）.

⑤ △1905 年《铁路火灾法》立法之前，铁路公司对其引擎火花造成的他人火灾损失不予赔偿。

⑥ ＊Vaughan v. Taff Vale Railway Co.，3 H. and N. 743（Ex. 1858）and 5 H. and N. 679（Ex. 1860）.

⑦ △指英国在"二战"后的国有化时期。"二战"后，英国工党政府先后掀起两次国有化高潮。战后国有化运动是英国工党"社会主义试验"的重要组成部分，是英国在"二战"后形成的"共识政治"的产物。国有化加重了"英国病"，造成经济停滞、通货膨胀和工业关系的紧张。1979 年 5 月上台的撒切尔政府，为了改变这种局面，试图摒弃凯恩斯主义，从而开始了举世瞩目的"撒切尔革命"。

也是如此。如果我们从字面理解庇古的举例①——"铁路引擎的火花对周边树木造成的没有赔偿的损失",并且假设它指的是 1905 年之后发生的情况,那么很明显,没有赔偿的原因一定是损失超过了 100 英镑(《福利经济学》第一版)或超过了 200 英镑(之后的版本),②或者树木的主人未能在 7 日之内将火灾以书面的形式告知铁路公司,或者未能在 21 天之内将损害细节以书面形式送达铁路公司。真实世界里,庇古的例子只能是立法机关有意为之的结果。③ 显然,很难想象在自然状态下进行铁路建设。④ 最接近自然状态的情况或许就是铁路公司在"无明确授权"下使用蒸汽引擎。然而,在这种情况下,铁路公司将不得不赔偿树木被损毁之人。⑤ 也就是说,就算没有政府干预,也会有赔偿得到支付。⑥ 没有支付赔偿金的情况恰恰发生在有政府干预之时。很奇怪,尽管庇古明确认为应该支付赔偿金,但他却选择了这个特殊例子来说明"通过政府干预来改进'自然'趋势"如何可能。

庇古似乎存在对实际情况⑦的错误看法,不过他的经济分析可能也有错误。铁路公司没有必要⑧一定要赔偿那些因铁路引擎引起的火灾而受损害的人。我不必在此阐释,如果铁路公司可以和铁路周边的每一个

---

① △指根据《铁路火灾法》的字面理解。

② △1905 年制定的《铁路火灾法》规定可获赔偿的损失不超过 100 英镑,1923 年修正为 200 英镑。1920 年,庇古的第一版《福利经济学》出版,1924 年、1928 年、1932 年,第二、第三、第四修订版出版。

③ △真实的世界很少存在无法可依的法律真空。

④ △由于高昂的交易成本,自然状态下根本不可能进行铁路建设。英国唯物主义哲学家和政治思想家霍布斯假设了一个自然状态(natural state),他认为在国家成立以前,人类生活在一种自然状态中。在自然状态下,人们具有同等的自然权利,不仅是平等的,而且每个人又都是自由的,但人们趋利避害的利己本性,这种自由又平等的状态就充满了战争。因此,人们通过自然法的规诫作为行动指南,走出战争状态,成立国家。参见百度百科:自然状态。

⑤ △在"无明确授权"下,普通法院会判决铁路公司的妨害成立,所以铁路公司不得不赔偿树木被损毁之人。

⑥ △没有立法机关的立法干预,也可以有赔偿。这里要区分普通法和制定法。普通法以普通法院形成的判例为主,制定法以立法机关制定的成文法为主。政府干预是指立法机关通过制定法来干预。

⑦ △"实际情况"(facts of situation)指有害影响的实际情况。很多有害影响正是政府有意为之的结果(即合法妨害),而不是自然趋势的结果。

⑧ △"没有必要"(not necessarily desirable)指从经济效率角度考虑而言。

土地所有者达成交易，并且这些交易无需成本，那么铁路公司是否对火灾造成的损害负责都无关紧要①，这已经在前述章节中得到详尽分析。问题是，在达成交易过于昂贵的情况下②，是否值得让铁路公司对损害负责。显然，庇古认为值得让铁路公司支付赔偿金，而且很容易明白他得到这个结论的那种推理③。假设某铁路公司正在考虑是否增开一趟列车，或者是否提高现有列车速度，或者是否在引擎上安装防火装置。如果铁路公司不对火灾损害负责，那么在做这些决策时，它就不会把由于增开列车或列车提速或没有安装防火装置造成的损失增加计入成本。这就是私人净产值和社会净产值之间背离的根源。④ 于是，铁路公司降低总产值的行为就会发生——如果它对损失负责的话，这种行为就不会发生。⑤ 这可以通过一个算术例子来说明。

假设某铁路公司不对其引擎的火花造成的火灾损害负责，并且每天在固定线路上开行两班列车。假设每天开行一班列车，铁路公司每年可以提供价值 150 美元的服务；每天开行两班列车，每年可以提供价值 250 美元的服务。⑥ 进一步假设每天开行一班列车的年运行成本为 50 美元，两班列车则为 100 美元。假定完全竞争⑦，那么运行成本就等于铁路公司雇佣生产要素所致其他地方产值的下降。⑧ 显然，铁路公司会发

---

① △"无关紧要"（it would not matter）指资源无论如何都会得到最优配置，即"科斯定理"。

② △交易成本太高。

③ △"那种推理"（the kind of argument）指庇古对问题进行的经济分析，即要满足私人产值与社会产值相等。如果不赔偿的话，二者不相等，会降低总产值，所以要赔偿。下面一段就是对这个理由的举例说明。

④ △其实，私人产值与社会产值或者私人成本与社会成本之间背离的更深层次的原因在于真实世界中存在交易成本。正如斯蒂格勒所说："完全竞争下（无交易成本），私人成本和社会成本将相等。"如果不存在交易成本，那么边际私人成本曲线与边际社会成本曲线将会重合，（边际）私人产值与（边际）社会产值也会相等。更进一步，如果无交易成本的情况下，那么也不会存在庇古所定义的外部性。参见：G. J. Stigler, The Theory of Price（Fourth Edition），New York：Macmillan Co.，1966，p. 120。

⑤ △在下一段的算术例子中，"降低总产值的行为"指铁路公司开行第二班列车。

⑥ △这种假设暗含了边际报酬递减规律。

⑦ △指劳动和资本之类的要素市场完全竞争。

⑧ △比如，一单位劳动的工资是 50 美元，在任何地方都可以创造 50 美元的价值。如果铁路公司以 50 美元的工资雇佣了这一单位劳动，那么，其他地方就减少了 50 美元的产值。

现每天开行两班列车有利可图。现在假设每天开行一班列车会造成价值（每年平均）60 美元的谷物火灾损失，两班列车是 120 美元。在这种情况下，每天开行一班列车会提高社会总产值，但开行第二班列车则会降低社会总产值。第二班列车每年能够增加 100 美元的铁路服务，但由此造成其他地方的产值每年降低 110 美元；其中，50 美元来自铁路公司雇佣的生产要素①，60 美元来自谷物损失。因为铁路公司不增开第二班列车会使情况变得更好，并且只有在对谷物损失负责时它才不会增开第二班列车，所以铁路公司应该对损失负责，结论似乎无可置疑。无疑，这就是支撑庇古观点的那种推理。②

不开第二班列车情况会更好的结论是正确的。但是，铁路公司应该对其造成的损害负责的结论却是错误的。③ 让我们改变一下有关责任规则④的假设。假设铁路公司对引擎火花造成的火灾负责。铁路沿线土地上耕作的农民就会面临如下情况：如果他的谷物被铁路公司造成的火灾损毁，他就会从铁路公司那里得到等于谷物市场价格的赔偿；但如果他的谷物没有被损毁，他就会通过售卖获得谷物市场价格的收入。因此，谷物是否被火灾损毁对农民的收入没有任何影响。当铁路公司不对损害负责时，情况则非常不同。铁路火灾造成的任何谷物损毁都会降低农民的收入。因此，他就会停止耕种那些谷物损毁价值可能大于净收入⑤的土地（理由已在第三章详尽解释）。从铁路公司不对损害负责转向铁路公司对损害负责，这种制度改变可能会导致毗邻铁路的土地耕种数量上升。⑥ 当然，这

---

① △铁路公司雇佣的生产要素的价值是 50 美元，在其他地方也会创造 50 美元的价值。

② △对应上一段中"显然，庇古认为迫使铁路公司支付赔偿是值得的，而且很容易明白他得到这个结论的那种推理"。

③ △如果法律规定铁路公司开行第一班列车时不赔偿损失，开行第二班列车时要赔偿损失，仅就列车运行来说，这是有效率的制度安排。但是，法律为什么不这样规定呢？因为这样的话，法律的运行成本就会很高，以致得不偿失。

④ △"责任规则"（the rule of liability）指承担责任的法律规定，属于侵权法的内容。

⑤ △"净收入"（net return），与第三章中的"net gain"意思相同。在第三章中，指从 12 美元谷物市场价值中扣除 10 美元成本后的 2 美元。

⑥ △"从铁路公司不对损害负责转向铁路公司对损害负责"是总体制度的转换或变迁，而庇古没有看清这一点。制度的转换或变迁将引起资源的重新配置。在交易成本不为零的真实世界中，不同的产权制度具有不同的经济绩效，即"科斯第二定理"。

样做也将增加铁路火灾造成的谷物损毁数量。

　　回到我们的算术例子。假设随着责任规则的改变，铁路火灾造成的谷物损毁数量增加了一倍。① 一天开行一班列车，每年的谷物损毁价值120 美元；一天开行两班列车，每年的谷物损毁价值 240 美元。我们在先前的分析中可以看到，如果铁路公司每年要为第二班列车支付 60 美元的谷物损毁赔偿，增开第二班列车就对其不利。如果每班列车的年谷物损毁为 120 美元，则开行第二班列车的赔偿金就会比原先多 60 美元，那么铁路公司不会开行第二班列车。② 不过，现在让我们看看第一班列车的状况。第一班列车提供的运输服务价值为 150 美元，运行成本为 50 美元，铁路公司需要支付的损害赔偿金为 120 美元。由此可见，铁路公司无论开行几班列车都无利可图。我们由例子中的数字可以得出如下结论：如果铁路公司不对火灾损害负责，每天将开行两班列车；如果铁路公司对火灾损害负责，它就会完全停止运营。这是否意味着没有铁路运营时的情况会更好呢？回答这个问题，需要看看：如果授权免除铁路公司的损害赔偿责任从而让其运营（每天开行两班列车），那么总产值会有什么变化。③

　　铁路公司的运营会提供价值 250 美元的运输服务，这也意味着生产要素配置到铁路上会使其他地方的产值下降 100 美元④，而且也意味着损毁谷物的价值为 120 美元。铁路公司的运营也可能会导致一些土地弃耕。因为我们知道，如果耕种这些土地⑤的话，被火灾损毁的谷物价值会是 120 美元⑥；并且，因为这些土地上生产的所有谷物都被损毁的可

---

　　①　△对应前段末尾："从铁路公司不对损害负责转向铁路公司对损害负责，这种制度改变可能会导致毗邻铁路的土地耕种数量上升。当然，这样做也将增加铁路公司引起的火灾带来的谷物损毁数量。"
　　②　△在铁路公司对损失负责时，开行每班列车都会比原先的谷物损毁量多 60 美元。
　　③　△如果前后对比的结果是总产值增加，那么授权铁路公司对损害免责更好；反之，铁路公司对损害负责更好。这就是科斯在最后一章提倡的"方法的改变"："比较不同经济政策下带来的总产值"。这就是"比较制度分析"的滥觞。
　　④　△即土地之外的生产要素（劳动或资本等）的使用成本为 100 美元。
　　⑤　△"这些土地"（this land）指那些弃耕的土地。
　　⑥　△这 120 美元仅仅是继续耕种那些弃耕的土地被损毁的谷物价值。

能性不大，所以可以合理假设这些土地能够生产的谷物价值超过 120 美元。假设它是 160 美元。① 但这些土地的弃耕可以让生产要素配置到其他地方。我们所知道的是，其他地方的产值增加量会低于 160 美元。② 假设它是 150 美元。③ 那么铁路公司运营所得④就等于：250 美元（运输服务的价值）减 100 美元（生产要素的成本）减 120 美元（火灾损毁的谷物价值）减 160 美元（弃耕带来的谷物产值下降）加 150 美元（释放的生产要素在其他地方的产值）。结果是，铁路公司的运营会使社会总产值增加了 20 美元。根据这些数字，显然让铁路公司运营并且不对其造成的损害负责是更好的选择。⑤ 当然，改变一下数字，就会出现铁路公司对其造成的损害负责更为有利的其他情况。⑥ 这足以说明我的观点了，即从经济学的角度来看，"不予赔偿铁路引擎火花造成的周边树木的损毁"的情况并非一定不可取。赔偿是否可取，这取决于具体情况。⑦

　　庇古的分析给出了错误的答案，这是如何发生的呢？原因在于庇古似乎并未注意到，他的分析是在处理一个完全不同的问题。⑧ 分析本身

---

① △即假设如果继续耕种这些弃耕的土地时生产的谷物价值为 160 美元，但其中价值 120 美元的谷物被火灾损毁。

② △因为在没有铁路或铁路公司为火灾损毁谷物担责时，生产要素配置到这些土地上的产值是 160 美元，根据利润最大化或租值最大化原则，配置到其他地方的产值不会高于 160 美元。

③ △如果这些生产要素配置到边际土地上，那么这 150 美元其实就是释放的生产要素的总价格。

④ △"所得"（gain）指铁路公司从不运营（当铁路公司赔偿火灾造成的损失时的制度安排）到运营（当铁路公司不赔偿火灾造成的损失时的制度安排）所带来的总产值的增加，是制度变迁带来的社会总产值的增加。

⑤ △也就是说，根据这些数字，从"铁路公司对损害负责的制度安排"变为"铁路公司对损害不负责的制度安排"带来了 20 美元的社会总产值的提高，因此这种制度变迁是有效率的。

⑥ △如果"释放的生产要素在其他地方的产值"为 125 美元，那么社会净产值的变化就为 −5 美元。在这种情况下，铁路公司对其造成的损害负责对整个社会来说更为有利。

⑦ △由此可见，对于有害影响问题，具体问题具体分析很重要。

⑧ △这一段相当重要，是理解科斯对庇古的批判的关键所在，也是理解科斯经济学思想的关键所在。这一段点出了庇古的致命错误，即庇古的边际分析方法本身没有错误，错的是用错了地方。外部性或有害影响涉及的是比较"对损害负责"与"对损害不负责"这种总体制度的比较选择问题，而非边际比较选择问题。交易成本非零的真实世界中，任何制度都不完美，都存在缺陷。通过制度变迁修正旧制度的缺陷，有可能新制度会存在更大的缺陷。本段中的交通信号灯的例子相当精彩。

是正确的，但庇古得出的具体结论非常不合理。待解决的问题并非是否要增开一班列车的问题，或者是否要提高列车运行速度的问题，或者是否要安装防烟设备的问题；而是要选择哪一种制度的问题：是选择铁路公司必须赔偿因其引发火灾而受损害的那些人的制度，还是选择铁路公司不必赔偿他们的制度。当经济学家在比较不同社会制度安排的优劣时，正确的方法是比较不同制度安排产生的社会总产值。私人产值与社会产值之间的比较在此并不重要。① 这可以用一个简单的例子来说明。想象一个装有交通信号灯的小镇。一名汽车司机驶入一个路口并因为红灯而停下，路口的另一条道路上并没有车辆驶向路口。如果汽车司机忽略红灯信号而直接通过，并不会发生事故，并且会增加总产值②，因为汽车司机会更早到达目的地。为什么他不这么做呢？因为如果他无视红灯信号的话，他就会被罚款。可见，汽车司机闯红灯的私人产值低于社会产值。难道我们由此可以得出这样的结论：如果对不遵守交通规则的人取消罚款，社会总产值就会增加？③ 庇古的分析向我们显示，有可能设计出一个比我们生活的世界更好的一个世界。④ 但是，问题在于如何设计可行的制度安排，使得能够在改正一些制度缺陷的同时，而不至于对制度的其他方面造成更严重的损害。⑤

我已经对私人产值与社会产值之间背离的这个例子⑥进行了相当细

---

① △私人产值与社会产值之间的比较方法无法比较不同社会制度安排的优劣。对于作用于整个社会的制度而言，也不会有私人产值与社会产值的区分。

② △对别人没有造成任何影响，并且汽车司机自身提高了产值，等于提高了社会总产值。这是一种帕累托改进。

③ △当然不能！这就是丢了西瓜捡了芝麻，得不偿失。从哲学意义上来说，真实世界中的所有制度都是不完美的，都存在缺陷。在进行制度选择时，所需要的是总体分析，而非边际分析。

④ △前面火车的例子中，如果允许开第一班列车，但禁止开第二班列车，那么社会总产值将会提高。但是这样的话，制度运行成本会十分高昂。

⑤ △例如在交通信号灯的例子中，如果夜深人静车辆稀少时，还按照红绿灯制度严格运行，那么就可以说是一种制度缺陷。如果取消了交通信号灯制度，的确夜深人静时的运行效率会得到提高，但造成了白天交通的无效率。如果夜深人静时改为闪烁黄灯警示通过，那么就会提高社会总产值。这就是"能够在改正一些制度缺陷的同时，而不至于对制度的其他方面造成更严重的损害"。

⑥ △指火车引擎造成的火灾损失的例子。

致的分析，我不想再对庇古的分析体系再做进一步的考察。但是，本文
所虑问题①的主要讨论可以从第二部分第九章中找到，该章涉及庇古提
出的第二类背离②，看看庇古如何构建他的观点也不乏趣味。本章开头
引用了庇古本人对第二类背离的描述。庇古区分了两种情况，即某人提
供服务却没有得到付款③和某人造成损害却没有补偿受损者④。我们的
主要注意力当然要集中在第二种情况上。因此我们会惊奇地发现，就如
同弗朗西斯科·福特（Francesco Forte）教授向我指出的那样，冒烟烟
囱问题（"家畜的例子"⑤ 或 "教室的例子"⑥ 本属于第二种情况）被
庇古作为了第一种情况（提供服务却没有得到支付）的例子，并且他
也从未明确提及这个例子和第二种情况有关联。⑦ 庇古指出，工厂主投
入资源防烟除尘，他们提供了服务却没有为此得到报酬。根据第九章中
后面的讨论，庇古的言外之意是我们应该向拥有冒烟烟囱的工厂主给予
补贴，从而诱使他安装防烟装置。多数现代经济学家的建议是，应当对
拥有冒烟烟囱的工厂主征税。很遗憾，经济学家们（除了福特教授）
似乎并未注意到庇古分析中的这个特点⑧；因为，只要他们意识到两种
方式⑨中的任意一种都可以用来解决问题，他们就会明确认识到问题的
相互性。

---

① △"所虑问题"（the problem considered）指有害影响问题。

② △"第二类背离"（second class of divergence）。庇古在《福利经济学》中区分了三类私人产值与社会产值（原文是"边际社会净产值与边际私人净产值"）之间的背离，第二类背离就是本文本章开始所说的："某人 A 在为某人 B 提供某种已获支付的服务过程中，附带也为他人（并非相同服务的生产者）提供了服务或者造成了损害；但是，他不能从受益方获取支付，受损方也不会得到他的补偿。"

③ △正外部性。

④ △负外部性。

⑤ ＊Sir Dennis Robertson, I Lectures on Economic Principles 162（1957）. △"家畜的例子"（stock instance）指饲养家畜发出的臭味对邻居造成的有害影响。

⑥ ＊E. J. Mishan, The Meaning of Efficiency in Economics, 189 The Bankers' Magazine 482（June 1960）. △"教室的例子"（classroom example）指教室内少数学生吵闹对其他学生的学习造成的有害影响。

⑦ ＊Pigou, op. cit. supra n. 35 at 184.

⑧ △"这个特点"（this feature）指本来明显属于第二种情况（负外部性）的烟囱冒烟问题，却被庇古当作第一种情况（正外部性）的例子进行分析。

⑨ △"两种方式"（these two ways）指工厂主对损害负责和工厂主对损害不负责。

在讨论第二种情况时（造成损害却没有补偿受损者），庇古说，"当某块土地的主人在城市居民区建起一座工厂，从而极大地破坏了周边居民的舒适生活时；或者程度轻一些，当他以某种方式使用自己的土地，从而破坏了对面房屋的采光时；或者当他在闹市区投资盖楼，压缩了周边地区的行走空间和休闲场地，从而损害了本地居民的健康和效率时"，① 第二种情况就会发生。当然，庇古把这些行为描述成"不能获得赔偿的损害"（uncharged disservices）十分正确。但他的错误之处在于，他把这些行为描述成是"反社会"（anti-social②）的。它们可能是，也可能不是，③ 必须在好坏之间进行权衡取舍。没有什么比反对"对任何人造成任何损害的任何行为"更"反社会"。④

正如我所指出的，庇古在讨论"不能获得赔偿的损害"时所举的例子并非冒烟烟囱，而是肆虐的兔子："当某人在自家土地上的狩猎行为致使兔子在邻人的土地上肆虐时，对第三方偶发地不能获得赔偿的损害就会发生……"这个例子非常有趣，不是因为对它的经济分析与其他例子存在本质上的不同之处，⑤ 而是因为该案法律立场的独特性，以及该案显示了经济学在权利界定这种纯粹法律问题上的用武之地。

兔子活动的法律责任问题隶属于一般性的动物责任主题。⑥ 虽然很

---

① ＊Id. at 185 – 186.

② ＊Id. at 186 n. 1. 类似的更多陈述参见：Pigou's lecture "Some Aspects of the Housing Problem" in B. S. Rowntree and A. C. Pigou, Lectures on Housing, in 18 Manchester Univ. Lectures (1914).

③ △科斯的意思是，相对于其他制度安排，如果它们可以产生更多的产值，它们就不是"反社会"的；反之，是"反社会"的。这里"反社会"应该理解为不能带来更多的产值。或者说，"反社会"的制度安排是指没有经济效率的制度安排。

④ △只要进行选择，就会有成本。反对"对任何人造成任何损害的任何行为"，就是将选择固定，反对任何其他选择。

⑤ △此案例与其他有害影响问题的经济分析在本质上是一样的。

⑥ ＊参见：G. L. Williams, Liability for Animals – An Account of the Development and Present Law of Tortious Liability for Animals, Distress Damage Feasant and the Duty of Fence, in Great Britain, Northern Ireland and the Common Law Dominions (1939). 该文第四部分"和动物责任相关的妨害诉讼"（236～262）和我们的讨论颇具相关性。我并不知道在动物责任方面，美国的普通法与英国的普通法有多大区别。位于美国西部的某些州，它们并不遵循英国普通法中关于围栏义务的规定，部分因为"相当大面积的开放无主土地让'允许牛群随意奔走'成为了一个公共政策问题。"（Williams, op. cit. supra 227）这为"不同的情况如何让改变权利界定的法律规则在经济上合意"提供了一个很好的例子。

不情愿，但我还是要将我的讨论范围局限于兔子。早期关于兔子的案例涉及庄园主和平民的关系，因为自 13 世纪以来，为了获取兔肉和兔毛，庄园主在公地上饲养兔子的行为就变得普遍。但在 1597 年的波尔斯顿（Boulston）案中，某地主向毗邻地主提起诉讼，声称被告养了几窝兔子，而兔子的增多损毁了原告的谷物。原告败诉了，原因在于：

> ……兔子只要从邻居的土地上跑过来，他就可以杀掉它们，因为它们是野生的，搭建兔窝的人对兔子并没有产权。兔子损毁了谷物，但被告对兔子没有产权，而原告也可以合法地捕杀兔子，因此被告不应该为此受到惩罚。①

由于波尔斯顿案是有约束力的判例——小布雷（Bray，J.）在 1919 年说他不清楚波尔斯顿案是否曾被推翻或被质疑过②——因此庇古的兔子例子无疑代表了他写作《福利经济学》时的法律立场。③ 而且在此案中，可以这么说：庇古所描绘的情形④之所以会发生，是因为缺少政府干预的结果（至少以立法形式），因而也是"自然"趋势的结果。

不过，波尔斯顿案确实有点怪异，威廉姆斯（Williams）教授毫不掩饰他对这个判决的反感：

> 显然，基于所有权的妨害责任观念是一种混淆牛群侵占行为的结果，⑤ 违背了法律原则和关于溢水、烟尘和污物的中世纪权威判决……只有彻底抛弃波尔斯顿案所设立的恶劣原则，才能找到这个主题⑥令人

---

① ＊5 Coke（Vol. 3）104 b. 77 Eng. Rep.，216，217.
② ＊参见：Stearn v. Prentice Bros. Ltd.，（1919）1 K. B.，395，397.
③ ＊我并没有深入研究最近的案例。不过，这种法律立场也已被立法修改。
④ △"庇古所描绘的情形"（the state of affairs which Pigou describes）指案件发生的事实情况。
⑤ △由于牛群有主人，牛群损毁别人的谷物，所以牛群的主人应该负责。兔子没有主人，兔子损毁别人的谷物，所以没有人为此负责。这就是基于所有权的妨害责任观念的逻辑，波尔斯顿案的判决就是基于这种逻辑。这种逻辑对于司法是有害的，应该被摒弃。
⑥ △"这个主题"（the subject）指动物责任（liability for animals）主题。

满意的解决办法……一旦波尔斯顿案消失，理性重构整个主题①的道路就会一片光明，动物责任的法律原则才会和妨害法中其他通行的法律原则和谐一致。②

波尔斯顿案的法官当然明白，他们对本案的判决观点取决于区分本案与其他妨害案件：

对该案做出这种判决的原因和其他关于建立石灰窑、染坊或类似设施的案子作出判决的原因是不一样的；因为那些案子中的烦扰来源于石灰窑和染坊修建者的行为；但这个案子不是这样，因为是兔子自己跑到原告的土地上的，原告可以在兔子跑到他的土地上时抓住它们，并且利用它们获益。③

威廉姆斯教授评论道：

那种认为不是土地所有者有罪而是动物有罪的返祖观点又出现了。当然，把这种原则④引入现代妨害法是无法令人满意的。如果 A 建造了一幢房屋或种植了一棵树，从而雨水流到或滴到了 B 的土地上，这是一个 A 要为之负责的行为；但是如果 A 在他的土地上招引了兔子⑤，而它们跑到了 B 的土地上，这是兔子的行为，A 不用为此负责……这就是从波尔斯顿案得出的似是而非的区分。⑥

---

① △"整个主题"（the whole subject），同上。
② * Williams, op. cit. supra n. 49 at 242, 258.
③ * Boulston v. Hardy, Cro. Eliz., 547, 548, 77 Eng. Rep. 216.
④ △指基于所有权的妨害责任。
⑤ △"招引了兔子"指庄园主在自家土地上做窝，诱使野兔到窝里定居、繁殖，并通过捕获兔子获取收益。兔子一旦在庄园主的土地上定居就会四处乱窜，就有可能跑到临近的土地上，对邻居的谷物等造成损害。
⑥ * Williams, op. cit. supra n. 49 at 243.

　　必须承认，波尔斯顿案的判决似乎有些古怪。某人可以为烟尘或令人不悦的气味带来的损害负责，而不必确定他是否拥有烟尘或气味。并且在处理和其他动物相关的案件时，波尔斯顿案的原则并没有被一贯遵循。例如在布兰德诉耶茨案（Brand v. Yates[①]）中，被告反常和过度收集粪便，以致苍蝇滋生侵扰近邻，法院判决授予禁令以阻止被告的行为，不过并没有提及谁拥有苍蝇的问题。经济学家通常不愿意对法院判决提出反对意见，因为司法推理有时候会显得有些怪异。但是，有一个合理的经济学理由支持威廉姆斯教授的观点，此观点认为应该把动物（尤其是兔子）责任问题纳入一般妨害法体系中去。这个理由是，不仅仅招引兔子的人要对损害负责，而且被兔子吃掉谷物的人同样也有责任。假设市场交易成本的存在使得权利的重新配置变得不可能，除非我们了解了具体情况，否则我们不能判断让招引兔子者对兔子在邻居的土地上造成的损害负责是否可取[②]。对波尔斯顿案中判决规则的反对意见是，若遵循这个规则，则招引兔子者永远不可能承担责任。这就将责任规则固定到了一个极端：从经济学角度来看，这和将责任规则固定到另一个极端，以让引进兔子者永远负责同样不可取。[③] 但是，正如我们在第七章中所见，因为妨害法实际上由法院司法，所以它的运用是灵活的，并且允许法官在一种行为带来的收益和损失之间进行权衡。正如威廉姆斯教授所言："全部妨害法都在尝试在利益冲突者之间进行调解和妥协……"[④] 将兔子问题纳入一般的妨害法并不一定意味着一定让招引兔子者对兔子造成的损害负责。这并不是说法院在这些案例中的唯一任务就是权衡一种行为带来的收益和损失。也不能期待法院总会在进行这种权衡之后做出正确的判决。但是，除非法院极其愚蠢，相比固定规

---

①　＊58 Sol. J. 612（1913－1914）.

②　△即是否有经济效率或是否能实现产值最大化。

③　△无论从经济学还是法学角度看，都应该具体问题具体分析，不能把责任固定化。

④　＊Williams, op. cit. supra n. 49 at 259.

则①来说，一般的妨害法似乎能够给出经济上更令人满意的结果。庇古的肆虐的兔子的例子很好地展示了法律问题和经济问题如何具有内在的相关性，即便应该采取的正确政策似乎不同于庇古所想。②

庇古在他"兔子的例子中存在私人产值与社会产值的背离"的分析中设置了一个例外情况。他补充道："……除非……两个当事人是地主与佃户的关系，因此地主可以以减少租金的形式给予佃户补偿。"③因为庇古的第一类背离主要考虑了地主与佃户之间订立令人满意的契约的困难性，所以这个例外情况格外令人惊奇。事实上，威廉姆斯教授引用的关于兔子问题的所有最近案例都牵涉到了地主与佃户之间关于狩猎权（sporting rights）④的争论。⑤庇古似乎是想要区分开两种情况，即不可能订立任何契约（第二类情况）和只能订立不甚满意的契约（第一类情况）。因此他说，私人净产值和社会净产值之间的第二类背离

不能像由于租佃法而产生的背离那样，通过变更签订契约双方的契约关系而缓和，因为该背离带来的额外服务和额外损害影响的是契约双方之外的人。⑥

但某些活动不能成为契约主题的原因⑦和一些契约通常是不合意的原因⑧完全一样——即让事情变得正确所要付出的代价太大了。⑨实际上，两种情况的确完全一样，因为契约不完全令人满意的原因在于它们

---

① △即固定让某一类人负责的规则。
② △此段妨害法的经济分析相当精彩！
③ * Pigou，op. cit. supra n. 35 at 185.
④ △即地主是否可以到佃户租种的土地上打猎等。
⑤ * Williams，op. cit. supra n. 49 at 244 –247.
⑥ * Pigou，op. cit. supra n. 35 at 192.
⑦ △指的是某些活动不能通过签订契约来解决，也就是庇古的"第二类情况"。
⑧ △指的是庇古所述"第一类情况"，可以通过签订契约来缓解，但这个契约是不合意的。
⑨ △这就是张五常所说的契约的不完备性。意即交易成本过高，一些权利无法通过市场交易来让资源得到合理配置。

不可能涵盖一切活动。第一类背离的讨论对庇古观点的确切意义很难分辨。他指出，在某些情况下地主与佃户之间的契约关系会带来私人产值与社会产值之间的背离。① 但他也继续指出，政府强制的补偿计划和租控计划也会带来背离。② 他更进一步指出，当政府处在和私人地主相似的位置时（例如当政府打算向一个公用事业授予特许权时），就会产生和私人情况下所碰到的完全相同的困难。③ 讨论是有趣的，但是我未能从中发现关于经济政策的一般性结论，要是有的话，这也正是庇古期望我们能够从讨论中得到的。

事实上，本文中提到的庇古关于这些问题④的处理方法是十分难以捉摸的，并且庇古对其观点的讨论产生了几乎无法克服的解释困难。所以，很难确定有人真正理解了庇古到底想说明什么。不过，人们却难以反对这个结论：这种费解的主要原因是庇古没有完全考虑清楚他的观点，尽管这在声望如庇古一类的经济学家中或许很少见。

---

① ＊Id. 174 – 175.
② ＊Id. 177 – 183.
③ ＊Id. 175 – 177.
④ △"这些问题"（these problems）指有害影响问题。

◾ 第九章 ◾
庇古传统①

很奇怪，庇古建立的这个有缺陷的理论竟然能有如此深远的影响，尽管这个理论的成功之处部分是因为它缺乏明确的解释。既然它是不明确的，那么它也就不会有明确的错误。② 说来奇怪，这种根本性的模糊并未影响一个清楚明确的口头传统③的出现。我称这个口头传统为"庇古传统"，它相当明确，④ 这正是经济学家认为他们从庇古那里学到的东西，并且他们再将之传授给他们的学生。通过证明"庇古传统"所主张的分析和政策结论的错误性，我打算揭示其不足之处。

我不打算通过大量引征文献来证明我的观点的合理性。我这么做部分是因为文献中的分析通常支离破碎，只不过包含了一些对庇古的引述再加上一些解释性的评论，不适宜用来做详尽的研究。但是引征文献的

---

① △本章说明，对于有害影响问题，为什么庇古所用的分析方法和得出的政策结论都不正确。庇古的传统分析是基于企业私人产值与社会产值之间的背离；如果二者出现背离，就要消除这种背离，使二者相等；所以政策结论（即消除背离的手段）就是让造成有害影响的企业赔偿损失，或者对这些企业征收等于损失的税收，或者将这些企业驱逐出去。而科斯指出，消除私人产值与社会产值之间的背离并不能够保证产值最大化。所以，对于有害影响问题，庇古错误地选择了分析方法，当然得出的政策结论也是错误的。

② △此句原文是"Not being clear, it was never clearly wrong"，很著名，被多人引用过。

③ △"口头传统"（oral tradition）指的是学院派经济学家们口口相传的传统。

④ △"相当明确"（reasonably clear）指的是庇古的分析方法相当明确，虽然其逻辑相当模糊。

这种缺乏，最主要的原因在于这个理论在很大程度上是口头流传的产物，即便它来源于庇古。当然，我和一些经济学家交流过这些问题，就现有文献对此①研究的不足来说，他们表现出了惊人的一致赞同。无疑，必定有些经济学家不同意庇古传统，但他们毕竟是同行中的少数。

解决有害影响问题的方法是分析物质生产的价值。企业的私人产值是特定的商业行为生产的产品的增加值。社会产值等于私人产值减去其他地方产值的下降，原因在于企业使用了生产要素但没有给它们支付。因此，如果某企业使用了 10 单位某要素（假设没有其他要素）生产了价值 105 美元的某产品；且要素所有者并未因企业使用要素而得到补偿，他也无法阻止企业使用他的要素；且这 10 单位要素用于次优用途时的产值为 100 美元；那么，社会产值就是 105 美元减去 100 美元，等于 5 美元。现在，如果企业给一单位要素支付报酬，且该要素价格等于其边际产品价值，② 这时社会产值就上升至 15 美元。如果企业为两单位的该要素支付报酬，社会产值就会上升至 25 美元；以此类推，如果企业给全部所用要素支付报酬，社会产值就上升至 105 美元。不难理解经济学家为何就轻易地接受了这个颇为古怪的规定。该分析专注于单个企业的决策，且因企业使用某些要素时并未支付使用成本，所以这些要素的收入也降低了相同的数量。③ 但是显然，这意味着社会产值这个概念没有任何社会意义。④ 我喜欢用机会成本⑤的概念来分析这些问题，方

---

① △指庇古传统。

② △"边际产品价值"（value of marginal product），或 VMP，是在其他条件不变的前提下，厂商增加一单位要素投入所增加的产品的价值，等于一种投入品的边际产品（也就是额外一单位投入品所导致的额外产出）乘以产品的价格，即 $VMP = P \times MP$。

③ △这一句就是对上一句的解释。因为庇古的分析专注于单个企业，所以就有了私人产值与社会产值之分。如果企业使用生产要素而没有支付或造成有害影响而没有赔偿，那么私人产值就大于社会产值。

④ △原因在于，庇古的分析专注于单个企业，那么按照庇古对于社会产值的定义，从整个社会来看，其大小反映不出效率的高低或产值是否达到最大化。所以说，"社会产值这个概念没有任何社会意义"。相反，社会成本这个概念具有社会意义。既定产值下，社会成本越低，效率越高，反之效率越低；或者说，社会成本最低意味着产值最大化。

⑤ △科斯此处的"机会成本"就是"社会成本"，"社会成本指生产要素在某种可替代用途上可以获取的最大价值"。参见：Coase，The Firm，the Market，and the Law［M］. The University of Chicago Press，1988：158。

法是比较要素在不同的用途或不同的安排下的产值。价格机制①的主要优越性在于，它能够引导要素配置实现产值最大化的结果，并且相比其他制度而言，它能够以更低的成本②实现这个结果（且不说价格机制也使收入分配问题更容易得到解决③）。不过，如果通过某种上帝赋予的自然协调方式，可以不使用价格机制就能够使要素流向产值最大化的地方，因此也没有对要素进行补偿④，那么我会对此感到惊奇，而不是惊愕。⑤

社会产值的定义颇为古怪，但这并不意味着从分析中得出的政策建议一定是错误的。然而，将注意力从根本问题⑥上转移开注定是危险的，并且这无疑也是当前教条⑦中出现错误的原因。"应该强制造成有害影响的企业对那些受到损害的人进行补偿"（第八章中关于铁路火花的案例已经对此进行了详尽探讨），这种观点无疑是未比较不同社会安排下所能实现的总产值的结果。⑧

同样的错误还出现在用税收或补贴来解决有害影响问题的建议里面。庇古相当重视这种解决方式，虽然他还和往常一样缺乏细节论证，并且自我支持。⑨ 现代经济学家往往一致认为，税收是一种很恰当的解

———————

① △之所以转到谈论价格机制（即市场机制）的优点，是因为生产要素的价格是由价格机制形成的，代表了将生产要素配置到某处的机会成本，与上句承接。

② △指价格机制运行的制度成本。

③ △要素价格理论就是收入分析理论。所以，在通过价格机制形成要素价格的同时，也解决了收入分配问题。原文中，"收入分配"是"redistribution of income"，疑似应该为"distribution of income"。"收入再分配"在此好像解释不通。

④ △由于要素配置不是通过价格机制来进行的，所以直接结果是没有对要素"补偿"（compensation）。

⑤ △这句话可以理解为是科斯对于价格机制的信心与赞美。但是，这决不意味着科斯否定了其他配置资源的方法，例如企业、政府等，参见本文第六章"存在市场交易成本时的分析"。此处，"惊奇"（surprise）表达一种对于能够达到产值最大化的"自然协调方式"的欢迎态度，"惊愕"（dismay）表达一种失望心态。意思是，科斯不会因为他一贯赞美的价格机制居然还有别的等效替代制度安排而感到"失望"。

⑥ △"根本问题"（basic issues）是总体的制度选择问题，而不是边际选择问题；是总体上的决策，而不是边际上的决策。

⑦ △"当前教条"（current doctrine）指庇古传统。

⑧ △这种固定责任规则的做法可能实现产值最大化，也可能不能实现，这要取决于具体情况。

⑨ ＊Id. 192－4，381 and Public Finance 94－100（ed ed. 1947）。△"自我支持"（qualified in his support）指用自己的理论支持这种解决办法。

决方式；税收应当等于企业造成的损害，因此应当随着有害影响程度的变化而变化。由于这种方式并未提出将税收收入再补偿给那些受损之人，所以它不同于迫使企业直接对受损之人进行补偿的方式，不过多数经济学家似乎并未注意到此点，并且往往认为两种方式完全相同。①

假设某个产生烟尘污染的工厂建在了某个原先没有烟尘污染的地区，并且每年带来的损害价值100美元。假设用税收来解决问题，工厂只要排放烟尘，工厂主就要每年交税100美元。进一步假设可以使用一种防烟设备，其年运行成本为90美元。在这种情况下，工厂会安装防烟设备。因为这样可以用90美元的支出来避免100美元的损失，工厂主每年会有10美元的改善。不过，这个状态可能并非最优状态。假定那些受损之人可以采取措施来避免损害，例如搬迁他处或者采取多种防护，他们为此每年要承受40美元的成本或者收入损失。② 那么，如果工厂继续生产并排放烟尘，而该地居民搬迁他处或做出调整以避免损害，就会增加50美元的产值。③ 如果工厂主必须支付与损失相等的税收，那么制定一个双税制（double tax system）显然更加可取；这种双税制要求该地居民也要支付一笔税收，而这笔税收等于工厂主（或其产品的消费者④）为避免损害而增加的成本。⑤ 在这些条件下，如果该地居民避免损害的成本小于生产者为减少损害而负担的成本（生产者的目标当然不是减少损害，而是减少税收支付），那么他们就会选择不在该地居住

———————

① △两种方式明显不同。原因在于，与对企业征收等于损害金额的税收相比，企业直接对受损之人进行补偿将会使更多的受损者聚积到企业周围，往往会造成更大的损害。

② △相对于没有烟尘污染的情况。

③ △工厂消除妨害的成本是90美元，居民消除妨害的成本是40美元。所以，相对于工厂来说，居民消除妨害就会增加50美元的产值或减少50美元的成本。

④ △这里考虑了税收转嫁问题。

⑤ △双税制可以显示出谁能够以最低的成本来避免损害。假设对工厂主征税 x 美元（等于他造成的损害），工厂主为避免损害发生所能够采取预防措施的最低成本为 y 美元；对居民征税为 y 美元，而居民避免损害发生的最低成本为 z 美元；那么，产值最大化的结果应该是在 y 和 z 中找一个最小的。如果 $y > z$，则居民为了少交税，就会花费 z 美元来避免损害，工厂主没有任何支出，继续生产。如果 $z > y$，那么工厂主就会选择支出 y 美元的预防措施来避免损害发生，而居民承担了 y 美元的税收。双税制的结果是以最低的成本避免了 x 美元的损害发生，所以可以达到产值最大化的结果。

或采取其他措施来避免损害发生。只对造成损害的生产者征税的税收制度会导致避免损害的成本过高。① 当然，如果有可能按照烟尘排放导致的产值下降（最广义层面上的②）而不是由其造成的损害来确定税额的话，是可以避免这种结果发生的。但是如果想要这么做的话，就必须得有关于个体偏好的详细数据③，我无法想象如果实施这样一个税收制度的话，如何收集这些数据。事实上，通过税收政策来解决烟尘污染以及类似问题的建议充满了困难：计算上的问题④，平均损害和边际损害之间的差异，不同土地上所受的损害之间的相互关系⑤，等等。但是，我们没有必要在这里分析这些问题。就算政府可以精准地调整税收额度，使边际税收等于每一新增单位烟尘排放对邻近地区造成的损害，这个税收制度也不一定能带来最理想的结果；就我的目的⑥而言，知道这些就已经足够了。冒烟工厂附近地区居民或企业数量的增多会增加既定排烟量下的损害额，需征收的税额因此也会随着附近居民或企业数量的增加而增加。这样一来，工厂使用的生产要素的产值往往会下降，要么是因为税收带来的生产下降会导致生产要素被用于其他不是那么有价值的地方，要么是因为生产要素从用作生产转向用作减少烟尘排放。但是，那些决定在工厂附近定居的人们并不会考虑他们的出现带来的产值下降。这种不考虑加给别人成本的情况类似于工厂主排放烟尘时不考虑损害的

---

① △比如文中例子的情况，本来可以通过 40 美元的成本来避免损害，如果只对生产者征税并且市场交易成本高昂的话，就会导致必须用 90 美元的成本来避免损害发生。

② △指当工厂主不对损害负责时，所造成的"最广义层面上的"产值下降。比如，在上面的例子中，如果工厂主不对损害负责，那么附近居民就会花费 40 美元搬迁到其他地方或采取其他预防措施。这时候，这 40 美元就是"最广义层面上的"产值下降。如果以此为标准来征税，那么就可以实现"产值最大化"的目标。原因在于，如果工厂主防止损害的成本高于 40 美元，他就不会采取任何预防措施，只交纳 40 美元的税收，而让居民花费 40 美元来避免损害。如果工厂主防止损害的成本低于 40 美元，那么他为了避免 40 美元的税收支付，将采取防止损害的措施。

③ △需要知道烟尘会给居民造成多大的损害，以及他们采取措施避免损害发生的成本等等。

④ △例如，上面例子中由于个人偏好很难查明，所以很难确定损害造成的最广义的产值下降。

⑤ △例如，居民搬迁到其他地方，那些为本地居民提供服务的商店等等，由于居民的搬迁也要受到损害。

⑥ △科斯这里的目的是要说明税收不是解决有害影响问题的好政策。

情况。^①　如果不对工厂主征税，工厂附近就会有过量的烟尘和过少的居民；但如果对工厂主征税，工厂附近就会有过少的烟尘和过多的居民。没有理由认为其中的一种结果一定比另一种更好。

"应该通过分区制的方式，将排放烟尘的工厂从其造成有害影响的地区迁移出去"，对于这种政策建议，我想不必再花费更多的笔墨讨论其中的类似错误。^②　当工厂搬迁会带来产值下降时，我们显然需要将这种下降考虑进来，并将其和工厂继续驻留该地所能造成的损害进行权衡。分区制的目的不应该是消除烟尘污染，而是为了确保烟尘污染的最优数量，就是能够实现产值最大化的污染数量。

---

①　△问题的相互性。
②　△科斯在此不是否定分区制，而是批判"一定要分区制"这种固定责任规则。

▪第十章▪
方法的改变①

　　我相信，经济学家未能就解决有害影响问题得出正确的结论，原因不能仅仅归结于分析中的些微不足。这种失败根源于当前解决福利经济学问题的分析方法中的基本缺陷。我们需要的是方法的改变。

　　基于私人产值与社会产值之间背离的分析将注意力集中于制度中的具体缺点②，并且往往会形成"任何消除缺点的纠正措施都必定可取"的观念。这会让人难以关注经济中其他和纠正措施必然相连的改变，而这些改变或许比制度中原有的缺点产生更大的损害。③ 在本文前述章节中，我们已经看到很多这样的例子了。我们没有必要通过这种方法④来

---

　　① 　△本章是对本文的总结，指出要得出解决有害影响问题的正确结论，必须摒弃庇古传统，改变分析方法。对此，科斯提出了三点建议：一是不要根据私人产值与社会产值之间的背离进行分析，而要根据机会成本方法进行分析，比较不同经济政策下带来的总产值；二是不要对自由放任状态与理想世界进行比较分析，而要从实际出发，判断新情况从总体上来说是好于还是坏于原先情况；三是不要把生产要素看作物质实体，而要把它们看作可以采取实际行动的权利。

　　② 　△"具体缺点"（particular deficiencies）。比如在第七章火车引擎火花损毁谷物的例子中，如果铁路公司不对损害赔偿，那么开行第二班列车就是无效率的。这就是制度实施中的具体缺点。

　　③ 　△比如，如果为了纠正第二班列车的无效率开行而要求铁路公司对损害负责，那么就有可能引起铁路周边种植更多的谷物，从而让铁路公司因赔偿过巨而停止运营。铁路公司停止运营带来的损失或许比铁路公司继续运营带来的损失更大。这就是说，在纠正某种损害的同时，有可能带来更大的损害。

　　④ 　△指关注私人产值与社会产值之间背离的分析方法，即庇古传统。

分析问题。研究企业问题的经济学家习惯于使用机会成本分析方法，即比较不同的企业组织在既定的要素组合下带来的不同收入。当处理经济政策问题时，看起来使用此种方法同样可取，即比较不同经济政策下带来的总产值。① 在本文中，就像此类经济分析常做的那样，我们仅仅比较分析经由市场测算的产值。② 但是，在选择解决经济问题的不同经济政策时，当然可以考虑得更全面一些，将经济政策给生活的各个方面带来的全部影响考虑进去。③ 正如富兰克·奈特④（Frank H. Knight）经常强调的那样，福利经济学问题终将化为对美学与道德的研究。

　　本文所讨论问题⑤的传统分析方法⑥的第二个特点是对自由放任状态和某种理想世界进行比较分析。这种方法不可避免地导致了思维的松散性，因为用来比较的替代对象的本质未曾清晰过。⑦ 在自由放任状态中，是否存在货币制度、法律制度或政治制度；如果有的话，那它们是什么呢？在一个理想世界中，是否存在货币制度、法律制度或政治制度；如果有的话，那它们又是什么呢？所有这些问题的答案都笼罩在神秘之中，任何人都可以随意地得出他想要的任何结论。事实上，几乎不需要分析就可以证明理想世界优于自由放任状态，除非二者的定义恰巧相同。但是，这些所有讨论都和经济政策问题基本无关，因为无论我们头脑中的理想世界是什么，我们显然还没有找到从所处的现实世界通往那里的途径。较好的解决办法似乎是，从贴近实际的情况出发开始我们

---

①　△即要做总体分析，而不是边际分析。
②　△指本文只关注经济效率问题。
③　△指不仅要关注经济效率问题，还要关注其他诸方面的问题。
④　△富兰克·奈特（1885～1972 年）是芝加哥学派创始人、芝加哥大学教授，20 世纪最有影响的经济学家之一，也是西方最伟大的思想家之一。他对于经济学发展和经济分析方法的创新做出了多方面的杰出贡献。作为一个古典自由主义者，他是芝加哥学派的创始人；作为一个批评家，他告诫公众，经济学家的知识是有限的，其预测的失误是不可避免的；作为一名教师，他在芝加哥大学培养出了像弗里德曼、斯蒂格勒和詹姆斯·布坎南这些著名的经济学家、诺贝尔经济学奖得主。他最有名的代表作是《风险、不确定性和利润》（1921）。参见百度百科：富兰克·奈特。
⑤　△指有害影响问题。
⑥　△指庇古传统。
⑦　△指我们不清楚到底自由放任状态或理想世界是什么，对它们的认识是形而上学的问题。

的分析，考察提出的政策改变的绩效，然后尝试判断新情况从总体上来说是好于还是坏于原先情况。[①] 通过这种方式，我们得出的政策结论就会符合实际情况。[②]

未能建立一个足以解决有害影响问题的理论的最后一个原因来自对生产要素的错误理解。人们通常认为生产要素是商人获取和使用的物质实体（如一亩土地、一吨肥料），而不是采取某种（实际）行动的权利。我们说某人把拥有的某块土地当作一种生产要素来使用，但是，其实土地所有者拥有的是采取有限行动的权利。土地所有者的权利并不是无限的。比如说，他总不可能通过挖掘的方式，将这块土地挪到其他地方。并且，就算他能够阻止某些人使用"他的"[③] 土地，他也不能阻止其他人的使用。比如，有些人也许拥有穿过土地的权利。[④] 进一步说，他也不一定有权在这块土地上修建某种类型的建筑物，或者种植某种谷物[⑤]，或使用特定种类的排水系统。这不仅仅是政府管制的结果，在普通法下亦如此。[⑥] 事实上，在任何法律制度下都如此。对个人权利无限制的制度就是没有权利的制度。[⑦]

如果将生产要素看作一种权利，那么我们就很容易理解，做某种会带来有害影响（如产生烟尘、噪声或气味等）的事情的权利也是一种生产要素。就像我们可以将某块土地用作阻挡通行，或停泊汽车，或修建房屋一样，我们也可以将其用作遮挡视线，或干扰宁静环境，或污染

---

① △威廉姆森对此评价道："因为假想的经济组织与实际操作无关，而任何可行的组织都不可能完美，我们唯一的选择是在可行的组织形式中进行比较制度分析。"参见：Williamson O. E.. Correspondence［J］. The Journal of Economic Perspectives，Vol. 8，No. 2（Spring，1994）：201－209. 因此，科斯的思想也为比较制度分析打下了方法论的基础。

② △指这种政策结论就会提高总产值。

③ △"他的"（"his"）加引号是为了强调他拥有的其实不是土地这种物质实体，而是关于土地的有限权利。

④ △指地役权。

⑤ △例如在我国法律中，就禁止个人私自种植罂粟或大麻等作物。

⑥ △指制定法和普通法都有这样的效果。

⑦ △科斯这句话充满了政治哲理。权利都是有限的或相对的，而不是无限的或绝对的。比如说，如果某人有免于噪声损害的无限权利，他就可以要求汽车停开、飞机停飞、火车停运、建筑停工、别人闭嘴。显然，这在现实世界中完全不可能。

周围的空气。行使一项权利（或使用一种生产要素）的成本往往是行使权利所导致其他地方遭受的损失——不能通行、不能停车、不能建造房屋、不能享受开阔视野、不能拥有平和宁静的环境、不能呼吸洁净的空气。①

　　显然，只有当采取行动的所得大于所失时，这么做才是可取的。不过，个人决策是在既有的社会安排下进行的，所以在选择不同的社会安排时，我们必须牢记，现存制度的改变在改进一些个人决策的同时也会恶化其他人的决策。② 更进一步来说，我们除了要考虑制度变迁的成本以外，还需要考虑不同社会安排（无论是市场机制还是政府干预）的运行成本。在设计和选择社会安排时，我们应该考虑总的效果。以上这些，就是我所倡导的方法的改变。

---

　　①　△再次说明问题的"相互性"。
　　②　△真实世界中的所有制度都是不完美的。制度变迁这种整体决策必须慎之又慎，防止出现纠正旧制度中的某些缺陷的同时却带来更大的缺陷的情况。

附　录

《社会成本问题》之科斯与庇古"思辨录"

　　一家工厂在一个居民区旁边拔地而起，其净产值是 250 美元①（每年，下同），但其排放的烟尘却给居民带来了 100 美元的损失（有害影响）。此事如何处理？庇古和科斯展开了辩论。

　　【庇古】工厂的私人产值是 250 美元，社会产值是 150 美元，二者产生了 100 美元的背离。要使产值最大化②，就要消除二者的背离。有三种政策结论可取：一是让工厂赔偿居民 100 美元的损失；二是对工厂征收 100 美元的税收；三是将工厂迁往其他地方。

　　【科斯】庇古先生，您的这种根据私人产值与社会产值背离的分析方法不适宜用来分析有害影响问题，您得出的政策结论也不一定能够实现产值最大化。

　　【庇古】何以见得？

　　【科斯】有害影响问题具有相互性。工厂固然对居民造成了损害，但要避免对居民的损害就会给工厂带来损害。真正需要做出的决定是权利界定：到底是允许工厂损害居民，还是允许居民损害工厂？要实现产值最大化，就要避免更严重的损害。不过我断言，如果允许市场交易，并且交易成本为零，那么产值最大化与权利的初始界定无关。③

---

　　① 净产值等于工厂产品的市场价值减去中间产品的市场价值。
　　② 产值最大化就是庇古在其《福利经济学》中的国民收入（national dividend or national income）最大化。
　　③ 科斯定理。无论工厂对居民的损失赔偿与否，结果都是产值最大化。

【庇古】愿闻其详！

【科斯】我举游走的牛损毁谷物的例子。我将证明，无论养牛者是否有权损毁谷物，结果都是产值最大化。我先分析养牛者无权损毁谷物、必须赔偿农场主谷物损失的情况。①

假设市场交易成本为零，假设牛肉市场和谷物市场都完全竞争，假设土地之外的要素市场也完全竞争。

假设养牛者没有在毗邻土地上养牛时，农场主生产的谷物市值为12美元，得自土地的净收入为2美元，土地之外的其他要素的成本为10美元。当然，此处的谷物种植量是农场主的最优（均衡）种植量。

假设养牛者开始在毗邻的土地上养牛，若无栅栏，牛群对谷物的边际损毁是：1美元（第1头牛）、2美元（第2头牛）、3美元（第3头牛）、4美元（第4头牛），等等。

假设隔离牛群栅栏的成本为9美元。那么，养牛者的边际赔偿成本就是：1美元（第1头牛）、2美元（第2头牛）、3美元（第3头牛）、3美元（第4头牛）、0美元（第5头牛及以上）。养牛的边际成本等于边际赔偿成本加上其他边际成本。

牛群的最优（均衡）规模决定于牛肉的价格和养牛的边际成本。

如果牛群的最优规模为1头，那么农场主会得到1美元的谷物损毁赔偿，在市场上出售谷物得到11美元，得自土地的净收入还是2美元。不过，只要牛群的最优规模超过或等于2头，价格机制就会促使农场主放弃谷物种植，土地就会从种植业配置到养牛业，从而实现产值最大化。例如，当牛群的最优规模为2头时，总的谷物损毁为3美元，而农场主得自土地的净收入为2美元，所以农场主与养牛者之间有1美元的交易剩余。如果双方平分交易剩余，养牛者支付给农场主2.5美元让其

---

① 其实就是用责任规则来保护农场主的产权。参见：Calabresi, Guido & Melamed, A. Douglas. Property Rules, Liability Rules, and Inalienability：One View of the Cathedral ［J］. Harvard Law Review, Vol. 85, No. 6. (Apr., 1972)：1089 - 1128.

放弃谷物种植，则是一种帕累托改进，结果实现了产值最大化；与交易之前相比，养牛者少支付了 0.5 美元的成本，而农场主得自土地的收入是 2.5 美元，多了 0.5 美元。

【庇古】这个分析没有逻辑错误，请继续。

【科斯】我再分析养牛者有权损毁谷物、不必赔偿农场主谷物损失的情况。这种情况下，产出的结果是与第一种情况完全一样的产值最大化，只是收入分配有所变化。

这种情况下，如果养牛者降低牛群规模，那么农场主愿意补偿养牛者。① 例如，当养牛者将牛群规模从 3 头降为 2 头时，由于少了 3 美元的谷物损毁，所以农场主愿意补偿给养牛者 3 美元。可见，如果养牛者饲养第 3 头牛的话，那么放弃的这 3 美元就成为养牛者饲养第 3 头牛的边际成本的一部分，这与第一种情况下养牛者赔偿损毁谷物时，增加第 3 头牛的边际赔偿成本完全一样。由此，养牛者对损毁谷物赔偿与否，都不改变养牛的边际成本。由于牛肉市场完全竞争，所以最优（均衡）牛群规模不会发生任何改变。

如果市场交易成本为零，那么在价格机制作用下，资源的最终配置也不会发生任何改变，改变的只是收入分配。例如，如果牛群的最优规模是 1 头，那么养牛者将继续养牛，农场主将继续种植谷物，资源的配置结果与第一种情况完全一样，只是农场主少了 1 美元的收入。再如，如果牛群的最优规模是 2 头，那么农场主将放弃种植谷物，资源的配置结果同样与第一种情况完全一样，只是农场主少了 2.5 美元的收入。

结论是：如果允许市场交易，并且交易成本为零，那么无论养牛者对损毁谷物赔偿与否，结果都是同样的产值最大化。

【庇古】这个分析也没有逻辑错误。

【科斯】真实世界中，有害影响呈现多种多样的形式。

---

① 其实就是用责任规则来保护养牛者的产权。

【庇古】请举例子。

【科斯】我举四个真实的案例，它们的经济学本质与游走的牛损毁谷物的例子完全一样。如果市场交易成本为零，那么产值最大化与权利的初始界定无关。只要能够带来产值提高，价格机制总会使权利的重新配置发生。这四个案例是：斯特奇斯诉布里基曼案、库克诉福布斯案、布莱恩特诉勒菲弗案、贝斯诉格里高利案。

【庇古】这四个案例相当精彩。

【科斯】如果市场交易成本不为零，那么在权利明确界定的情况下，市场就可能不是组织要素生产的最优制度安排，可替代市场的、制度成本更低的经济组织就会出现。

【庇古】请讲！

【科斯】企业就是这样的一种经济组织。只要企业的行政成本小于为其替代的市场交易成本，企业就可能出现。当然，如果企业组织要素生产的行政成本也很高，那么另一种可能的替代办法是政府的直接管制。不过，如果政府管制的成本也很高，那么还有最后一种选择，就是对问题不做任何处理。正确的政策结论必定来自对不同方式处理问题的实际结果的详细研究。但是，如果这种研究建立在错误的经济分析之上，那么结论可能会不正确。

【庇古】有道理。

【科斯】我一再强调，如果市场交易成本为零，那么产值最大化与权利的初始界定无关。但是，如果市场交易成本过高，从而市场很难改变法律对权利的初始界定时，那么法院的判决就直接影响产值的大小。即便有可能通过市场交易改变法律对权利的初始界定，显然，减少这种交易从而减少实现交易需要耗费的资源也是值得的。

【庇古】我完全赞同这种看法。

【科斯】法院判定任何事件是否构成妨害，不是仅靠对其本身的抽象思考，更要顾及实际情况。只有严重的有害影响才会被法院判定为妨害，这个原则无疑在某种程度上反映了这样的事实，即有得必有失。同样的有害影响，在一些情况下构成妨害，在另一些情况下却不构成妨害。正如一位法官所言："据我所知，没有一条普通法的一般规则……说，建筑阻挡别人的视野就是一种妨害。如果是那样的话，就不会有大城镇存在；我也必须对这个城镇中的所有新建筑给予禁令……"

【庇古】法官面对的是复杂的真实世界。

【科斯】因此，普通法（法院）对妨害案件做出权利界定的判决，其实就是对经济问题作出判决，是对资源如何配置作出判决，而法官们通常意识到了这点。另外，权利界定也是政府制定法的结果。政府在制定法律时，当然会考虑到法律实施的经济后果。经济学家认为政府应当采取正确行为的那种情况，实际上常常是政府所要的结果，这就是政府授权的合法妨害。

【庇古】科斯先生是在进行法律的经济分析，非常精彩！

【科斯】庇古先生，让我们看看您在《福利经济学》中的分析有什么不妥之处。当然，我想我们的目标应该是一致的，就是产值最大化。

【庇古】我们目标一致，期待科斯先生的指正。

【科斯】庇古先生，您看这是不是对您的观点的正确概括：有人认为经济的自然趋势不需要政府干预，然而您认为正是因为政府干预才使得经济制度运转良好，不过经济制度中还存在着诸如产生有害影响之类缺陷，因此还需要政府干预来纠正这类缺陷。

【庇古】正是如此。

【科斯】那么，对于您所举的英国铁路公司通常不必赔偿火车引擎火花造成的火灾损失的例子，我认为您的政策建议是：第一，要有政府干预来纠正这种"自然"状况；第二，应该强制铁路公司对火灾损毁的谷物进行赔偿。

【庇古】正是如此。

【科斯】庇古先生，我认为：第一个建议是您基于对事实的错误理解，第二个建议并非总是可取。

【庇古】何以见得？

【科斯】关于您的第一个建议，事实却是：正是在法律授权或政府干预下，铁路公司才不必赔偿火车引擎火花造成的火灾损失，而并非自然趋势的结果。这个法律立场确立于1860年，并且直到1960年都没有改变，除了1905年为保护小农利益而制定的《铁路火灾法》（1923年修订）之外。即便在《铁路火灾法》中，对于超过200英镑（1905年是100英镑）的损失，铁路公司也不必赔偿。也就是说，赔偿与否，都是法律授权或政府干预的结果。

【庇古】科斯先生的研究细致入微，的确如此。

【科斯】关于您的第二个建议的错误之处，可以通过一个算术例子加以说明。

【庇古】请举例。

【科斯】假设铁路公司对火灾损失不负责，每天开行两班列车。假设开行一班列车提供的服务价值是150美元，开行两班列车提供的服务价值是250美元。再假设开行一班列车的运行成本为50美元，两班列车则为100美元。再假设土地之外的要素市场完全竞争，那么运行成本就等于铁路公司雇佣生产要素所致其他地方的产值下降。显然，铁路公司会开行两班列车。再假设开行一班列车造成的谷物火灾损失是60美元，两班列车是120美元。由此，开行第一班列车会提高社会总产值，但开行第二班列车则会降低社会总产值。因为第二班列车增加的铁路服务价值是100美元，但造成其他地方的产值下降为110美元（50美元来自铁路公司所雇生产要素，60美元来自谷物损失）。只有在对谷物损失负责时，铁路公司才不会开第二班列车，所以铁路公司应该对谷物损失负责。庇古先生，这是否就是您的逻辑？

【庇古】正是！

【科斯】不开第二班列车会提高社会总产值的结论是正确的。但是，铁路公司应该对其造成的损失负责的结论却是错误的。

【庇古】何以见得？

【科斯】假设铁路公司对损失负责。铁路沿线耕作的农民就会面临如下情况：如果谷物没有被损毁，他就会通过售卖获得谷物市场价值的收入；如果谷物被损毁，他就会从铁路公司那里获得等额赔偿。因此，谷物是否被火灾损毁对农民的收入没有任何影响。当铁路公司不对损失负责时，情况则非常不同，那么农民就会停止耕种那些谷物损毁价值可能大于净收入的土地。因此，从铁路公司不对损害负责转向对损害负责，这种总体的制度改变可能会导致毗邻铁路的土地耕种数量上升。当然，这样做也将增加铁路火灾造成的谷物损毁数量。

【庇古】确实如此。

【科斯】回到算术例子。假设随着责任规则的改变，谷物损毁数量增加了一倍。开行一班列车造成的谷物火灾损失是120美元，两班列车是240美元。由此，铁路公司无论开行几班列车都无利可图。可以得出如下结论：如果铁路公司不对火灾损失负责，每天将开行两班列车；如果铁路公司对火灾损失负责，它就会完全停止运营。这是否意味着铁路公司停止运营是可取的呢？

【庇古】这是一个值得考虑的问题。

【科斯】从铁路公司停止运营到恢复运营，让我们看看总产值会有什么变化。铁路公司的运营提供的服务价值是250美元，同时意味着要素配置到铁路上会使其他地方的产值下降100美元，而且损毁谷物的价值为120美元。铁路公司的运营会导致一些土地弃耕。如果耕种这些土地，火灾损毁的谷物价值会是120美元；并且，这些土地上的所有谷物都被损毁的可能性不大，所以假设这些土地上生产的谷物价值超过120美元是合理的。假设它是160美元。但这些土地的弃耕可以让生产要素配置到其他地方。我们所知道的是，其他地方的产值增加量会低于160美元。假设它是150美元。那么，铁路公司运营所能得到的总产值变化就等于：250 美元（运输服务的价值）减 100 美元（生产要素的成本）减 120 美元（火灾损毁的谷物价值）减 160 美元（弃耕带来的谷物产值下降）加 150 美元（释放的生产要素在其他地方的产值）。结果是，铁路公司的运营会使社会总产值增加 20 美元。根据这些数字，显然让铁路公司运营并且不对其造成的损害负责更可取。当然，改变一下数字，就会出现铁路公司对其造成的损害负责更可取的情况。不过庇古先生，这足以说明您的第二条政策建议是错误的。赔偿是否可取，这取决于具体情况。

【庇古】科斯先生的辩驳无懈可击。

【科斯】庇古先生，您似乎并未注意到，您的分析是在处理一个完全不同的问题。待解决的问题并非是否要增开一班列车的问题，或者是否要提高列车运行速度的问题，或者是否要安装防烟设备的问题①，而是要选择哪一种制度的问题②：是选择铁路公司必须赔偿因其引发火灾而受损害的那些人的制度，还是选择铁路公司不必赔偿他们的制度。当我们比较不同社会制度安排的优劣时，正确的方法是比较不同制度安排产生的社会总产值。私人产值与社会产值之间的比较在此毫无用处。

【庇古】科斯先生的逻辑非常严密。

【科斯】另外，您在讨论"不能获得赔偿的损害"时所举的例子是肆虐的兔子。您似乎是想要区分两种情况，即不可能订立任何契约和只能订立不甚满意的契约。但某些活动不能成为契约主题的原因和一些契约通常是不合意的原因完全一样——即让事情变得正确所要付出的代价太大了。实际上，两种情况的成因完全一样，因为契约不完全令人满意的原因在于它们不可能涵盖一切活动。这就是契约的不完备性。

【庇古】的确如此！

【科斯】庇古先生，我把您对后世经济学家的影响称之为"庇古传

---

① 即在边际上进行决策的问题。
② 即影响全面的总体上的制度选择问题。

统"。通过证明"庇古传统"所主张的分析和政策结论的错误性，我打算揭示其不足之处。

【庇古】请继续。

【科斯】企业的私人产值是特定的商业行为生产的产品的增加值。社会产值等于私人产值减去其他地方产值的下降，原因在于企业使用了生产要素但没有给它们支付。庇古先生，这是您对私人产值与社会产值的定义吧？

【庇古】是的。

【科斯】庇古先生，您定义的社会产值毫无社会意义。原因在于，您的分析专注于单个企业，那么按照社会产值的定义，无论私人产值与社会产值背离与否，社会产值都全部为参与企业生产的生产要素所有，企业外部的社会不拥有任何社会产值。

【庇古】的确有这样的问题。

【科斯】所以，私人产值与社会产值相等并不能保证整个社会的产值最大化。一个最简单的辩驳例子是，关闭污染工厂，私人产值与社会产值相等了（都为零），但整个社会的产值最大化了吗？

【庇古】这个例子很好。

【科斯】前面我们已经分析了，"应该强制造成有害影响的企业对那些受到损害的人进行补偿"这种固定责任规则不一定可取。同样的错误还出现在用税收来解决有害影响问题的建议里面。

【庇古】请继续分析用税收办法解决有害影响的问题。

【科斯】回到开头我们讨论的工厂例子。假设用税收来解决问题。工厂只要排放烟尘，就要交税100美元。如果有一种防烟设备，其运行成本为90美元，那么工厂就会安装这种设备。这样，可以用90美元的支出来避免100美元的损失，工厂会有10美元的改善。不过，这可能并非最优状态。假如那些受损居民可以搬迁他处或者采取某种防护，为此要承受40美元的成本。那么，如果让工厂继续生产并排放烟尘，而让那些受损居民搬迁他处或者采取某种防护，就会增加 50 美元的产值。如果工厂必须支付与损失相等的税收，那么制定一个双税制显然更加可取；这种双税制要求该地居民也要支付一笔税收，而这笔税收等于工厂为避免损害而增加的成本。然而，用税收解决问题会遇到重重困难，在此不再细表。所以，如果不对工厂征税，工厂附近就会有过量的烟尘和过少的居民；但如果对工厂征税，工厂附近就会有过少的烟尘和过多的居民。没有理由认为其中的一种结果一定比另一种更好。

【庇古】分析无懈可击。

【科斯】我相信，经济学家未能就解决有害影响问题得出正确的结论，原因不能仅仅归结于传统分析中的些微不足。这种失败根源于当前解决福利经济学问题的分析方法中的基本缺陷。我们需要的是方法的改变。

【庇古】请科斯先生给出您的建议。

【科斯】三点建议。一是不要根据私人产值与社会产值之间的背离进行分析，而要根据机会成本方法进行分析，比较不同经济政策下带来的总产值；二是不要对自由放任状态与理想世界进行比较分析，而要从实际出发，判断新情况从总体上来说是好于还是坏于原先情况；三是不要把生产要素看作物质实体，而要把它们看作可以采取实际行动的权利。

【庇古】这三点建议很好。

【科斯】我们必须牢记，现存制度的改变在改进一些个人决策的同时也会恶化其他人的决策。更进一步来说，我们除了要考虑制度变迁的成本以外，还要考虑不同社会安排（无论是市场机制还是政府干预）的运行成本。在设计和选择社会安排时，我们应该考虑总的效果。

【庇古】后生可畏。

【科斯】庇古先生，您是我的老师。吾爱吾师，吾更爱真理。

"合法妨害"的效率逻辑与权利的相对性①

高建伟

【摘要】科斯指出，立法机关可以授权工商企业进行合法妨害。合法妨害背后蕴含着经济学的效率逻辑。解决妨害问题的关键在于避免较严重的损害，解决过程就是法律界定权利或分配责任的过程。合法妨害实现了卡尔多—希克斯效率改进，促进了技术进步和经济发展。合法妨害意味着权利是相对的而不是绝对的。从逻辑和实践两个方面都可以证明，不可能存在绝对的权利。强调权利的相对性并非支持政府滥用权力侵犯公民权利。权利的保护规则同样体现了对经济效率的追求。

【关键词】合法妨害　卡尔多—希克斯效率　权利的相对性

一、引言

罗纳德·科斯在其经典论文《社会成本问题》中强调指出，立法机关可以通过立法授权工商企业进行"合法妨害"（legalized nuisance）："在这一领域，许多立法的效果是保护工商企业不受那些因受损害而提出各种要求的人的影响。因此，还存在着许多合法妨害。"[1]

为什么真实世界中会存在所谓的合法妨害？科斯本人在文中并没有给出详尽的解释。尽管后来围绕《社会成本问题》一文的学术论著多

---

　　①　基金项目：教育部人文社会科学研究青年基金项目"美国土地征收中'公共利益'的司法变迁及中国启示：法经济学视角的实证研究"（12YJCZH054）；天津市高等学校人文社会科学研究项目"耕地保护的跨区经济补偿机制研究：以天津市为例"（20112404）。

如牛毛，不过其中鲜有涉及合法妨害。盛洪对此指出，虽然合法妨害是一个"饶有兴味的话题"，但是对其研究似乎欠缺。[2]迄今为止，笔者也未检索出对合法妨害的专题研究文献。不过笔者认为，合法妨害关乎法律如何界定与保护权利的重要问题，科斯强调合法妨害其实意味深长。

本文基于法经济学的视角，分析合法妨害背后蕴含的效率逻辑，以及这种效率逻辑所表明的权利相对性问题。其中，对法律如何有效界定与保护权利的思考贯穿本文分析的始终。

二、非法妨害与合法妨害

普通法中的"妨害"一词，乃是一个广泛采用但含义并不十分明确的概念。妨害通常泛指对他人土地利用等权益的各种干扰现象，包括灰尘、煤烟、噪声、臭气、污水、阻碍阳光、高热、电流以及对土地利用造成不便的其他类似侵扰等。[3]根据受害者的范围，妨害可以分为三类。[4]一是公共妨害，即对不特定多数人或所有进入妨害行为影响的人或某一地区全体居民的妨害。这既是一项普通法上的犯罪，也是一项民事侵权行为。例如据美国《侨报》报道，一支华人舞蹈队在纽约布鲁克林的日落公园排练时，遭到附近居民的多次报警，前来的警员将带头者铐起来并开出传票。[5]美国的多数地方法律中都含有"安静时间"的条款，其一般是居民睡觉休息的时间。这就意味着在"安静时间"以内，如果噪声大到足以吵醒正常人的话，那么它就超出了法律许可的范围，并被认为构成公共妨害。二是私人妨害，即对某一特定个人或特定数人的土地使用权或相关权利的妨害。例如，汤姆在自家的庭院里一直过着平静的生活，直到有一天搬来了一位钢琴家邻居杰利。杰利的琴声虽然优美，但他喜欢深夜弹奏，优美的琴声变成了扰人的噪声，从而使得汤姆夜不能寐。如果汤姆起诉杰利，那么法院可以判决妨害成立，并给予受害者汤姆相应的司法救济。三是混合妨害，指既构成对社会公众的损害，又给某一些个人造成了特殊损害。例如2014年香港发生的非法占中运动，既对不特定的过往行人或车辆造成了不便，也对周围特定商户的经营权益造成了损害，其性质在普通法里可以构成混合妨害。

如果普通法认定的妨害是"非法妨害"的话，那么科斯指出，立法机关还可以通过立法创出"合法妨害"。也就是说，如果得到立法机关的授权，那么即便A的行为对B造成了不利影响，从而危害了B的身心健康或使其财产价值等权益贬损，A也不必对此承担任何责任。就大妈广场舞来说，无论大妈在安静时间以内跳舞（比如远离居民区），还是在安静时间以外跳舞，只要对居民区产生的噪声影响在法定标准以内（当然不同的时间段内会有不同的标准），即便对周围居民造成了一定的轻微不利影响，也不会构成非法妨害。相反，这是立法机关授权的合法妨害，广场舞大妈可以免责。再如，汤姆在自家的庭院里一直过着平静的生活，直到有一天在其庭院附近修筑了一条铁路，每天晚上火车驶过时发出的隆隆声响使得汤姆夜不能寐。如果铁路公司已经按照法律要求采取了技术上合理的降噪减震措施（例如安装噪声屏蔽设施等），那么铁路公司是合法妨害，对汤姆受到的损害免责。据笔者考证，合法妨害一词就源于1832年英国的一个关于火车引起损害的判例（Rex v. Perse）。在这个判例中，冒着黑烟、噪声隆隆的蒸汽火车头惊吓了邻近道路上的马匹，并造成了事故。法官以铁路的修建得到了英国议会的授权为由，并且假定议会在授权时已经意识到了可能会发生一些震动噪声之类的损害，判定铁路公司的行为不构成妨害，铁路公司免责。同样，如果立法机关授权一家市政公司维修破损的道路，即便对过往行人或车辆造成不便影响，或者对道路两旁商户的经营权益造成了损害，只要在合理的范围以内，一般情况下也不会构成非法妨害。

科斯援引《霍尔斯伯里英国法律大全》一书对合法妨害的立场做了总结："当立法机关认定一件在任何情况下都能做的事，或授权在特定地点为特定目标做某事，或授予意在执行的权力时，尽管立法机关保留了一些对行使权力的裁决权，但对于在贯彻法律授权中不可避免的妨害或损害，在普通法上不构成诉讼。不论引起损害的行为是为公众目的还是为私人利益，情况都是如此。"[1]显而易见，无论是非法妨害还是合法妨害，受害者原有的权益或财产权利都受到了损害，传统上一般认为加害者都应该对受害者承担责任。那么，为什么立法机关会授权合法妨害，从而使所谓的加害者免责呢？以法经济学的视角而言，合法妨害背后蕴含着经济效率的逻辑。

三、合法妨害的效率逻辑

（一）问题的相互性与作为生产要素的权利

传统上确认加害者与受害者的身份通常以时间顺序来划分，受害者享有权益在先，加害者侵犯权益在后，所以加害者应该对受害者担责。与庇古所代表的传统认识不同，科斯指出这个问题具有"相互性"："传统的方法掩盖了不得不做出的选择的实质。人们一般将该问题视为甲给乙造成损害，因而所要决定的是：如何制止甲？但这是错误的。我们正在分析的问题具有相互性，即避免对乙的损害将会使甲遭受损害。"[1]在大妈广场舞的例子中，如果允许大妈跳舞，其制造的噪声将会损害周围居民的权益；反过来，如果制止大妈跳舞以避免对周围居民的噪声损害，这将会损害大妈跳舞的权益。同样，如果允许铁路公司运营，火车的震动噪声会对邻近居民造成损害；反过来，如果禁止铁路公司运营，则会给铁路公司和公共利益造成损害。其他所有妨害问题都类似，一切妨害问题都具有相互性。

科斯从经济学视角给出了解决妨害问题的基本思路："必须决定的真正问题是，是允许甲损害乙，还是允许乙损害甲？关键在于避免较严重的损害。"[1] "允许甲损害乙"就是把权利界定给了甲，并要求乙承担自身受损害的责任；同样，"允许乙损害甲"就是把权利界定给了乙，并要求甲承担自身受损害的责任。权利界定或责任分配的结果应该要让双方联合损害降为最低，经济学上来说就是联合成本最小化。在大妈广场舞的例子中，如果广场周围就是居民区，那么通常比较合理的权利界定或责任分配方式是：安静时间以内，周围居民有免受噪声干扰的权利，而让大妈承担不跳舞的责任；安静时间以外，大妈有跳舞的权利，而让周围居民承担受噪声损害的责任。之所以这种权利界定或责任分配方式是合理的，就是因为它使双方联合损害降到了最低。因此，"必须决定的真正问题"其实就是权利界定问题，或其对偶形式——责任分配问题。

依科斯之见，"权利"才是真正的生产要素。给权利下一个确切的定义并不容易，笔者赞同周其仁的说法："所谓你有某项权利，就是你有某个自由行为的空间，可以在那个范围内做某些事，并被社会认为是正当的，也受到法律或习俗的承认与保护。"[6] 因此，所谓的财产权利或产权，也就是个人拥有的可以运用财产的自由行为空间，并受到法律或习俗的承认与保护。并且，以某种财产为物质载体的权利不止一项，而是一束权利。[7] 新古典理论通常把生产要素当作劳动、土地、资本等物质实体，而科斯认为，庇古传统"未能提出足以解决有害效果问题的最后一个原因来自生产要素的错误概念。人们通常认为，商人得到和使用的是实物（一亩土地或一吨化肥），而不是行使一定（实在）行为的权利"；并且，"如果将生产要素视为权利，就更容易理解了，做产生有害效果的事的权利（如排放烟尘、噪声、气味等）也是生产要素。"[1] 因此不难理解，在妨害问题中，权利和责任是对立统一的。给予 A 权利就是要求 B 承担责任，结果是 A 损害 B；反之，给予 B 权利就是要求 A 承担责任，结果是 B 损害 A。

权利带来产值，责任带来成本。"关键在于避免较严重的损害"的对偶就是"关键在于取得较大的产值"，前者要求责任分配实现联合成本最小化，后者要求权利界定实现联合产值最大化，而成本最小化和产值最大化是经济学中的等价对偶命题。这里举大妈广场舞的例子来加以说明。给予大妈跳广场舞的权利，就是要求周围居民承担噪声污染，或者安装隔音门窗、甚或损害健康等的责任；反之，给予周围居民安静环境的权利，就是要求大妈承担不跳广场舞而带来的欢乐减少，或者寻找更远的替代场所跳舞，甚或损害健康等的责任。如果人们的福利水平可以用货币量化，那么可以假设在安静时间以内，跳广场舞的权利给大妈们带来的产值是 80 元，安静环境的权利给周围居民带来的产值是 100 元。有两种权利界定或责任分配的方式：A 方式是大妈有跳广场舞的权利而让周围居民承担责任，B 方式是周围居民有安静环境的权利而让大妈承担责任。两种方式的成本与产值可以见表 1。从表 1 可以看出，因为"产值最大化"和"成本最小化"是等价对偶命题，所以无论从哪个角度看，最优的权利界定或责任分配方式都是 B 方式，即周围居民有安静环境的权利而让大妈们承担责任。相反，A 方式是一种无效率的权利界定或责任分配方式。所以在安静时间以内，最优的权利界定或责任分配方式应该是 B 方式。

表 1　　　　　　　　　　　　产值最大化与成本最小化的对偶

权利界定或责任分配方式	成本（元）	产值（元）
A：大妈有跳广场舞的权利而让周围居民承担责任	100	80
B：周围居民有安静环境的权利而让大妈承担责任	80	100

当谈及"应该"一词时，我们其实是在进行价值判断，所做的分析是规范分析。要进行规范分析，必定得有一个价值标准作为分析的归依。科斯以经济学的理论和方法分析妨害问题，所持圭臬当然是"效率"。不同的制度安排会带来不同的经济绩效，制度对经济绩效起着决

定性的作用，这就是新制度经济学的一个基本观点。[8]然而，判断效率的标准有两个，作为规范人类行为的法律制度，我们应该选择哪一个标准呢？

（二）经济效率与权利的法律界定

通常经济学的效率标准有两个：帕累托效率和卡尔多—希克斯效率。在不使其他人福利减损之下，没有可能通过资源或权利的再配置使一个或多个人的福利增加，那么这种状态就符合帕累托效率标准。帕累托效率显然要求过于严格，具有一定的局限性，真实世界中的适用范围有点儿狭窄。比如，反垄断一般会使大多人受益，不过一定会使垄断者受损，因此反垄断不符合帕累托效率。要求较为宽松的是卡尔多—希克斯效率：资源或权利再配置的结果是使一部分人福利增加的同时，又会使一部分人的福利减损，而且受益者在补偿受损者后，他的福利水平仍然有所改善。美国联邦第七巡回区上诉法院法官波斯纳指出："所以很清楚，经济学中具有可操作性的效率定义不是帕累托效率。当一位经济学家在谈论自由贸易、竞争、污染控制等其他政策或状态有效率时，他十有八九是指卡尔多—希克斯效率"。[9]因此在真实世界中，法律作为规范人类行为的重要正式制度，它所遵从的效率标准几乎不可能是帕累托效率，而只可能是卡尔多—希克斯效率。联系到我国的经济体制改革，可以肯定地说，改革就是卡尔多—希克斯效率改进，一定会或多或少地触及某些既得利益者的利益。从某种意义上来说，改革就是法律强制性地重新界定各项权利。

权利一般通过两种不同的机制来进行界定：法律机制和市场机制。一般来说，法律依据一定的规则（例如"先占"等）对权利所做的强制性界定为初始界定。假如法律机制初始界定的权利不符合效率的要求，并且市场交易成本低于合作剩余，那么通过自发的市场机制就可以纠正这种无效率的法律界定，不过要付出交易成本的社会损耗。但是，如果交易成本大于合作剩余，市场机制就无法再纠正法律机制对权利的初始无效界定。图 1 是市场与法律的有效范围，横轴表示市场交易成本。[10] 在临界点左侧，交易成本小于合作剩余，市场机制在付出交易成本的代价下，可以纠正法律机制的无效界定。在临界点右侧，交易成本大于合作剩余，市场机制不能纠正法律机制的无效界定，因而市场机制失灵。只要交易成本不为零，法律机制就会影响效率，这就是真实世界中的情况。只有在交易成本为零的理想世界中，法律机制才与效率无关，或者说法律机制对效率来说是中性的，这就是经济学中最重要的分析基准之一的"科斯定理"。[11]

```
市场机制有效的范围          市场机制无效的范围

0              临界点                    ∞
不影响效率      （交易成本等于合作剩余）

       法律机制的权利界定影响效率的范围
```

图 1　市场与法律的有效范围

真实世界中，交易成本处处不为零，法律对权利界定或责任分配就会直接影响效率。那么，法律应该如何进行权利界定或责任分配才能达到效率的要求呢？波斯纳总结出了法律有效的权利界定或责任分配的方法，即"波斯纳定理"[10]：如果市场交易成本过高从而抑制市场交易，那么权利应该付与那些对权利净价值评价最高并且最珍视他们的人。该定理还有一个推论，也即其对偶形式：在法律上，事故责任应该归咎于那些能以最低成本来避免事故却没有这样做的人。波斯纳定理的原定理体现的是权利界定应该"产值最大化"的思想，其对偶定理体现的是责任分配应该"成本最小化"的思想。显而易见，波斯纳定理的实质其实就是要求在权利界定或责任分配上体现比较优势的思想。然而，发

101

现谁对权利评价最高往往非常困难，如同市场机制要面临"市场交易成本"的约束一样，法律机制要面临"法律信息成本"的约束。通常情况下，法律通过明晰权利来"润滑"市场交易，从而提高经济效率。这是权利界定的最基本方向，称为"规范的科斯定理"：应当构建明晰的法律，消除市场中私人谈判的障碍，从而使市场交易成本最小化。[10]例如，在界定权利归属上的"先占"原则就是一个操作简单的规范，它可以减少产权分歧和交易成本，从而润滑交易。因此在处理妨害问题时，法律必须在法律信息成本和市场交易成本之间进行一定的取舍。对英美法系而言，如果法律信息成本小于市场交易成本，那么法律应该将权利界定给对其评价最高的一方；反之，则有必要遵循以前的判例。对大陆法系而言，有必要根据法律实践或经济实践，将新情况不断写入法律成文。

"新情况"是指出现了新的资源利用方式或技术，从而有可能与旧有的资源利用方式发生冲突，产生妨害或外部性问题。人类发展的一个重要表现是物质生产能力的提高，而技术进步是推动物质生产能力提高的决定性因素。技术进步一方面使得原来没有价值的东西变成有价值的资源，例如矿物、无线电频谱等；另一方面，又使原来旧的利用方式下的资源可以获得更有效率的利用，例如土地、河流、空域等。旧的利用方式下的资源一方面可以通过自由市场机制界定给更有效率的新用途，另一方面在市场交易成本很高（比如很多妨害问题）以致阻碍市场机制发挥作用时，法律可以把某种权利直接界定给效率更高的新用途，实现卡尔多—希克斯效率改进。历史上，法律的变迁往往紧跟技术的变迁，而变迁的法律往往支持效率更高的新技术的应用。由此，我们不难理解合法妨害当中蕴含的经济效率逻辑。

（三）合法妨害的效率逻辑

合法妨害的逻辑是以经济效率为判断标准的逻辑。立法机关通过成文法律授权工商企业进行合法妨害，实现了卡尔多—希克斯效率改进。

诚然，在铁路修筑以前，汤姆过着宁静的田园生活，享受着安静环境的权利带来的福利，这种权利也被认为是合理的。但是，如果铁路公司得到立法机关的授权修筑一条经过汤姆庭园附近的铁路，并且采取了技术上合理的震动噪声预防措施，那么铁路运营产生的震动噪声对汤姆带来的损害是合法妨害，铁路公司免责。在权利界定或责任分配上，立法机关直接将权利界定给了铁路公司，而让汤姆自身承担震动噪声带来损害的责任。立法机关显然清楚，代表新技术的铁路公司得到权利的产值要比汤姆维持原先权利的产值大得多，所以直接将权利界定给了铁路公司，实现了卡尔多—希克斯效率改进。之所以不把权利界定给汤姆，一是因为权利通过市场机制交易会带来交易成本的社会损耗，并且还可能产生"敲竹杠"的问题，二是因为铁路沿线有千千万万个居民，市场交易成本和"敲竹杠"的问题会使本来具有社会公共利益的铁路建设寸步难行，效率大大降低。只有在铁路公司没有按照法律规定采取"合理"的震动噪声预防措施时，铁路公司才会构成非法妨害，并对铁路旁边的居民承担损害责任。"合理"一词本身也蕴含了效率权衡，表明铁路公司采取合理预防措施的成本要小于预防措施不到位时给居民带来的损害（成本）增加，成本最小化的经济效率逻辑判定铁路公司在预防措施不到位时要承担责任。同样，大妈们在法定噪声标准以下跳舞，对周围居民产生的损害是合法妨害，只有跳舞产生的噪声超过了法定标准时才构成非法妨害。噪声标准的制定体现了边际产值等于边际成本的经济效率逻辑。其他诸如飞机、汽车、现代建筑、工厂、采矿、电网、水坝、运河，等等，自工业革命以来的新技术发明层出不穷，权利冲突的妨害问题也大量涌现，通过法院诉讼解决冲突的传统普通法力不从心。基于减少诉讼数量和提高问题处理效率的考虑，立法机关制定了许多规范新技术应用的成文法律，创造了许多合法妨害，有力地支持了新技术的推广应用和生产效率的提高。[12]

"合法妨害"的逻辑就是法律制度应该有效率运行的逻辑。如同价格变动可以改变人的选择行为一样,法律规则的变动同样可以改变人的选择行为,而人的选择行为的改变可以引致经济效率的改变。于是,法律规则似乎在一只"看不见的手"的牵引下去追求效率。通常认为,法律是追求正义的。按照波斯纳的见解,正义最一般的含义就是效率。全部的法律活动和法律制度都应该以有效地配置资源或最大限度地增加全社会的财富为目的。[13]

四、权利的相对性

合法妨害表明权利是相对的而不是绝对的,这是很重要的一个结论。如同任何其他事物一样,权利也是有限度的;拥有了权利的同时,也就意味着拥有了限度。[14]科斯指出:"土地所有者的权利并不是无限的。……这样做不只是因为政府的规定,在普通法上亦如此。实际上,在任何法律制度中都是如此。对个人权利无限制的制度实际上就是无权利的制度。"[1]盛洪认为科斯至少暗示,承认合法妨害,适当地削弱私有产权,也许是一种更好的权利界定。[2]

绝对的权利观无论在逻辑上还是在实践上都行不通。就逻辑而言,如果 A 享有安静生活的绝对权利,同时其邻居 B 享有弹钢琴的绝对权利,那么二者就会形成一个悖论。保护 A 的绝对权利,则必定会使 B 的权利相对化;反之,保护 B 的绝对权利,则必定会使 A 的权利相对化。因此从逻辑上来说,权利只可能是相对的,而不可能是绝对的。就实践而言,绝对的权利观下不可能有经济发展。比如汤姆过着宁静的田园生活,一条铁路需要从其庭院旁边经过,从而给汤姆带来了震动噪声的损害。如果汤姆有绝对的安静权利,那么无论铁路行使产生的噪声多么微弱,他也可以对铁路公司敲竹杠,要求铁路公司要么停止运营,要么付给他一笔远高于其损害的赔偿费用。如果所有受铁路运营影响的居民都提出如此要求，那么一寸铁路也不会建起来。再者，如果一个人真有不受噪声打扰的绝对权利，那么此人可以让汽车停驶、火车停开、飞机停飞、建筑停工、别人闭嘴，等等，这显然荒谬之极。因此，权利不可能是绝对的，只可能是相对的。

然而，权利的相对性并不意味着权利失去了保护，以致政府可以肆意剥夺私人财产。权利的相对性是为了更好地维护公民社会的联合整体利益或公共利益，体现了对经济效率的追求。公民社会中，公民享有社会保护的权利，同时也必须履行社会需要的责任。这种责任表现在两个方面：一是维护他人权利的责任。我的权利就是他人的责任，他人的权利就是我的责任。我不能随意侵犯他人的权利，这是我的责任。如果我侵犯了他人的权利，法律就会强制性地要求我担责。二是维护社会整体利益或公共利益的责任。周其仁的一个论述讲得很好："产权重要，但产权不能靠自己就变得重要。'第三方服务'不可或缺，但什么力量可以保证这个特殊的第三方，能够规规矩矩地向产权提供服务？要知道，这可是'最后的、唯一可以合法使用暴力的组织'！今天的产权经济学文献，讲起来汗牛充栋。不过读来读去，有意思的思想线索仅此一条而已。"[6]"第三方服务"就是政府提供的公共服务，其是用来维护整体公共利益的。作为政府组成部分的立法机关创造的合法妨害就是公民应该履行的责任，因为其可以提高经济的整体运行效率。因此从实质上来说，个人利益与公共利益是对立统一的。另外，政府还可以通过征收权、警察权、征税权等强制权力来维护公共利益，并且这些权力有可能使个别公民的个人权益受损，但这些都是为了维护整体利益而让公民应尽的社会责任。

如何在权利相对性下更好地保护公民权利，从而既使整体利益最大化，同时又使个体利益不至于严重受损？科斯的两个追随着卡拉布雷西和梅拉梅德认为，如果以效率为标准，法律保护权利可以区分为三个规则：财产规则（property rule）、责任规则（liability rule）和不可转让规则（inalienability rule）。[15] 当政府行使征收权时，法律规定需要用责任规则来保护产权，政府必须对财产被征收者给予财产市场价值的合理补偿，从而使被征收者的权益不至于损失太多。当立法机关授权工商企业进行合法妨害时，又要求工商企业采用合理的技术，同样不至于使得受害者的损失过大。因此，不是不保护权利，而是如何保护权利。在不同的情况下，法律对大多数权利的保护需要运用不同的规则，而这些不同的规则却体现了相同的效率追求。

五、结论

立法机关通过制定法律，授权工商企业可以进行合法妨害，背后体现了经济效率的逻辑，这种经济效率逻辑也是全部法律制度应该遵循的逻辑。科斯认为，妨害问题具有相互性的本质，其解决应该避免较严重的损害。解决妨害问题的过程其实就是法律界定权利或分配责任的过程。市场交易成本为零时，法律如何界定权利或分配责任与效率无关。然而，真实世界中交易成本并不为零，不同的法律权利界定会带来不同的效率。波斯纳提出了法律应该如何界定权利的波斯纳定理，这里遵从的效率标准是卡尔多—希克斯效率。由于法律界定权利面临法律信息成本的制约，所以规范的科斯定理是法律界定权利的基本方向。不可能存在绝对的权利，这可以从逻辑和实践两个方面加以证明。因此，权利都是相对的。合法妨害实现了卡尔多—希克斯效率改进，促进了技术进步和经济发展。强调权利的相对性并非支持政府滥用权力侵犯公民权利，而是为了公共利益，而权利的保护规则也具有经济效率的逻辑。

立法机关创造合法妨害其实是政府对经济的管制，"但真正的危险是，政府对经济体系的全面干预会导致对那些对过分的有害后果负有责任的人的保护。"[1] 我们无法确切知道市场与政府的边界在哪里；由于技术进步，这条边界也会不断发生变动。我们应该倾听一下科斯的忠告："我确信，经济学家和政策制定者一般都有过高估计政府管制优点的倾向。但这种观点即使成立，也只不过是建议应该减少政府管制，因为它并没有告诉我们分界线定在哪里。在我看来，似乎必须通过对以不同的方式解决问题的实际结果进行深入的研究才能得出结论。"[1]

参考文献：

［1］Coase，Ronald. The Problem of Social Cost ［J］. Journal of Law and Economics，Vol. 3，No. 1，1960：1 – 44.

［2］盛洪. 走向新政治经济学（前言之二）［A］. 盛洪（主编）：现代新制度经济学（上卷）（C）. 北京：中国发展出版社，2009.

［3］王明远. 美国妨害法在环境侵权救济中的运用与发展 ［J］. 政治论坛，2003（5）：34 – 40.

［4］薛波（主编）. 元照英美法词典 ［M］. 北京：法律出版社，2003.

［5］崔国其. 纽约华人舞蹈队公园排练音乐扰民遭投诉 ［EB/OL］. http：//www. chinanews. com/hr/2013/08 – 06/5127771. shtml.

［6］周其仁. 城乡中国 ［M］. 北京：中信出版社，2013.

［7］Alchian，Arment A.，Demsetz，Harold，The Property Right Paradigm ［J］. Journal of Economic History ［J］. Vol. 33，No. 1，1973：16 – 27.

［8］North，Douglass. Structure and Change in Economic History ［M］. Cambridge University Press，1990.

［9］波斯纳. 法律的经济分析（上）［M］. 北京：中国大百科全书出版社，1997.

［10］陈国富. 法经济学. 北京：经济科学出版社，2005.

［11］伊特韦尔. 新帕尔格雷夫经济学大词典（第一卷）［M］. 北京：经济科学出版社，1996.

［12］腓特烈·坎平. 盎格鲁—美利坚法律史 ［M］. 北京：法律出

版社，2010.

[13] 陈国富. 用效率诠释正义 [J]. 读书，2001 (5)：68 – 71.

[14] 刘作翔. 权利相对性理论及其争论 [J]. 清华法学，2013 (6)：110 – 121.

[15] Calabresi, Guido, Melamed, A. Douglas. Property Rules, Liability Rules, and Inalienability：One View of the Cathedral [J]. Harvard Law Review, Vol. 85, No. 6. 1972：1089 – 1128.

《社会成本问题》关键词中英对照

- business firm 工商企业
- divergence 背离
- double tax system 双税制
- economic analysis 经济分析
- economic efficiency 经济效率
- factor of production 生产要素
- government action 政府干预
- government regulation 政府管制
- harmful effect 有害影响
- ideal world 理想世界
- laissez faire 自由放任
- legal position 法律立场
- marginal cost 边际成本
- method of production 生产方法
- national dividend 国民收入
- natural tendency 自然趋势
- net gain 净收入
- net return 净收入
- opportunity cost 机会成本
- particular circumstance 具体情况
- perfect competition 完全竞争

- pricing system 价格机制
- private net product 私人净产值
- private product 私人产值
- reciprocal nature 相互性
- residential district 住宅区
- self-interest 自利
- social cost 社会成本
- social net product 社会净产值
- social product 社会产值
- state action 政府干预
- economics of welfare 福利经济学
- total welfare 总福利
- uncharged disservices 不能获得赔偿的损害
- zoning regulation 分区制